城市轨道交通电客车电气控制系统
（新型活页式）

主　编 ◎ 秦娟兰　牛为民　梁　萌
副主编 ◎ 陈航宇　李　蕊
主　审 ◎ 聂　辉

西南交通大学出版社
·成　都·

图书在版编目（CIP）数据

城市轨道交通电客车电气控制系统：新型活页式 / 秦娟兰，牛为民，梁萌主编. —成都：西南交通大学出版社，2021.9

ISBN 978-7-5643-8259-9

Ⅰ. ①城… Ⅱ. ①秦… ②牛… ③梁… Ⅲ. ①城市铁路 - 轨道交通 - 电车 - 电气控制系统 - 高等职业教育 - 教材 Ⅳ. ①U239.5

中国版本图书馆 CIP 数据核字（2021）第 190463 号

Chengshi Guidao Jiaotong Diankeche Dianqi Kongzhi Xitong
（Xinxing Huoyeshi）

城市轨道交通电客车电气控制系统
（新型活页式）

主　编　秦娟兰　牛为民　梁　萌

责任编辑 / 张文越
封面设计 / 何东琳设计工作室

西南交通大学出版社出版发行
（四川省成都市金牛区二环路北一段 111 号西南交通大学创新大厦 21 楼　610031）
发行部电话：028-87600564　028-87600533
网址：http://www.xnjdcbs.com
印刷：四川玖艺呈现印刷有限公司

成品尺寸　185 mm × 260 mm
印张　10.5　　字数　262 千
版次　2021 年 9 月第 1 版　　印次　2021 年 9 月第 1 次

书号　ISBN 978-7-5643-8259-9
定价　37.00 元

课件咨询电话：028-81435775

前言

PREFACE

轨道交通的发展，从车辆技术上来看，与传统电客车相比，高新科技大量应用，并且跨专业技术应用突出，轨道交通车辆驾驶、检修和装备制造一线岗位急需专业理论扎实、操作能力强的高端技能型人才。根据 2019 年教育部颁布的城市轨道交通车辆技术专业教学标准，“城市轨道交通电客车电气控制系统”被确定为城市轨道交通车辆技术专业核心课程。本教材以工作任务展开学习过程，本教材具有以下特点：

第一，以现场真实的工作任务（典型车辆电气控制操作或故障排查）为教学载体，以完成某项工作任务为目标，强调学生主动参与、教师指导引领，实现教、学、做一体化的教学模式，教学内容的设计，注重学生运用能力和实践能力的培养，同时培养学生良好的职业操作规范，以及敬业爱岗、团结协作等综合素质和能力，体现了高职专业课程的特色。

第二，每个项目包含若干个学习任务，从学习目标、任务内容、任务实施（理论描述和技能训练）与成绩评定等环节展开，在完成工作任务的过程中学习专业技能。

第三，项目内容和考核标准与电客车驾驶、电客车检修职业技能鉴定接轨，符合 1+X 精神的课证融通式评价体系

第四，教材增加了动画和视频等教学资源，实现纸质教材+数字资源的完美结合，体现“互联网+”新形态一体化教材理念，学生通过扫描书中二维码可观看相应资源，随扫随学，激发学生自主学习，实现高效课堂。

第五，校企合作开发教材。

本教材由骨干教师和行业专家组成的编写团队，将邀请武汉、苏州、南京地铁运营集团车辆中心的工程师和培训师参加教材及配套教学资源的开发，真正体现教材“新”“实”，及时反映轨道交通车辆行业新知识、新技术、新工艺、新方法。

全书分为九个项目，项目一的内容为“车辆电气系统设备认知与识图”，主要介绍电客车电气系统设备级车辆电气系统电路识图知识；项目二的内容为“庞巴迪 AC10 型电客车车辆电气设备配置认知”，主要介绍牵引高压电器、辅助供电电器及低压电器；项目三的内容为“牵引系统认知”，主要介绍牵引系统配置、牵引系统主电路以及牵引控制单元工作原理；项目四的内容为“辅助供电系统的认知”，主要介绍辅助逆变器及中压负载供电电路、蓄电池充电器及 DC110 V 供电电路；项目五的内容为“车门控制系统认知”，主要介绍车门控制系统各电气部件、车门控制电路的电路原理及车门安全回路与非正常情况下车门的控制；项目六的内容为“庞巴迪 AC10 型电客车整备电路认知”，主要介绍列车激活与休眠控制电路、司机驾驶台解锁与锁闭控制电路、受电弓升降弓控制电路认知及高速断路器分合闸控制电路；项目七的内容为“庞巴迪 AC10 型电客车牵引与制动控制”，主要介绍牵引方向控制与警惕回路控制、牵引启动控制 及列车制动控制；项目八的内容为“列车网络控制系统认知”，主要介绍列车网络控制系统硬件、通信总线及列车网络控制系统的拓扑结构；项目九的内容为“乘客信息系统认知”，主要介绍列车广播对讲系统、多媒体播放系统及视频监控系统。

本书项目一、六、七由秦娟兰、李蕊编写，项目二、三由牛为民编写，项目四由梁萌编写，项目五由陈航宇编写，项目八、九由聂辉编写。

鉴于本书编写人员在技术水平和实践经验上的局限性，书中疏漏之处在所难免，期待本书的使用者和广大同行批评指正，提出宝贵意见。

编　者

2021 年 4 月

扫码获取本书配套数字资源

目录

CONTENT

项目一　车辆电气系统设备认知与识图……001
任务一　城市轨道交通车辆电气系统认知……001
任务二　车辆电路图识图……008
项目二　车辆电气系统设备认知与识图……019
任务一　牵引高压电器认知……019
任务二　辅助供电电器认知……028
任务三　低压电器认知……034
项目三　牵引系统认知……051
任务一　牵引系统配置……051
任务二　牵引系统主电路……058
任务三　牵引控制单元工作原理……064
项目四　辅助供电系统的认知……068
任务一　辅助逆变器及中压负载供电电路认知……068
任务二　蓄电池充电器及 DC110 V 供电电路认知……076
项目五　车门控制系统认知……081
任务一　车门控制系统电气部件的认知……081
任务二　车门开关门操作……087
任务三　车门安全回路认知与非正常情况下车门的控制……092
项目六　AC10 型电客车整备电路认知……097
任务一　列车激活与休眠控制电路认知……097
任务二　司机驾驶台解锁与锁闭控制电路认知……104

任务三 受电弓升降弓控制电路认知 …… 109
任务四 高速断路器分合闸控制电路认知 …… 119

项目七 AC10 型电客车牵引与制动控制 …… 125
任务一 牵引方向控制与警惕回路控制 …… 125
任务二 牵引启动控制 …… 130
任务三 列车制动控制 …… 134

项目八 列车网络控制系统认知 …… 143
任务一 列车网络控制系统硬件、通信总线认知 …… 143
任务二 列车网络控制系统拓扑结构认知 …… 146

项目九 乘客信息系统认知 …… 151
任务一 列车广播对讲系统认知 …… 151
任务二 多媒体播放系统认知 …… 156
任务三 视频监控系统认知 …… 158

参考文献 …… 161

项目一　电客车电气系统设备认知与识图

项目描述

本项目是初学者对电客车电气系统设备的认识，通过视频观看轨道交通电客车司机或检修员完成“电气设备静态检查标准化作业”作为学习情景，实施地点安排在电客车虚拟仿真实训室和电客车电气系统维护与检修实训基地，以电客车模型、实物、PPT、微课、视频为学习载体，构建车辆电气系统设备总体认知，为后续各电气设备学习打好基础。

本项目共两项学习任务，即“电客车电气系统设备的认知”和“车辆电气系统电路识图”。

关键知识点：牵引供电、电传动等基本概念；牵引动力系统、辅助供电系统和控制系统的结构与功能；电路图符号功能、交叉引用标识等。

关键技能点：电客车三大电气系统主要设备的安装位置；电路图的识图方法。

学习目标

1. 能正确描述电客车电气系统基本概念；
2. 能正确描述电客车牵引动力系统、辅助供电系统及低压控制系统电气设备名称及功能；
3. 能根据电路图正确识别实训室电气设备在各车中的位置及名称。

知识课堂

任务一　电客车电气系统设备的认知

一、城市轨道交通供电系统

城市轨道交通作为城市电网的一个重要用户，主要有外部供电系统、牵引供电系统和动力照明系统三大部分。其作用是通过供电系统发电、输送、配电变换，以适当的电压等级与一定的电流形式（直流或交流电）满足“行车”与“运营”用电，如图 1-1-1 所示。

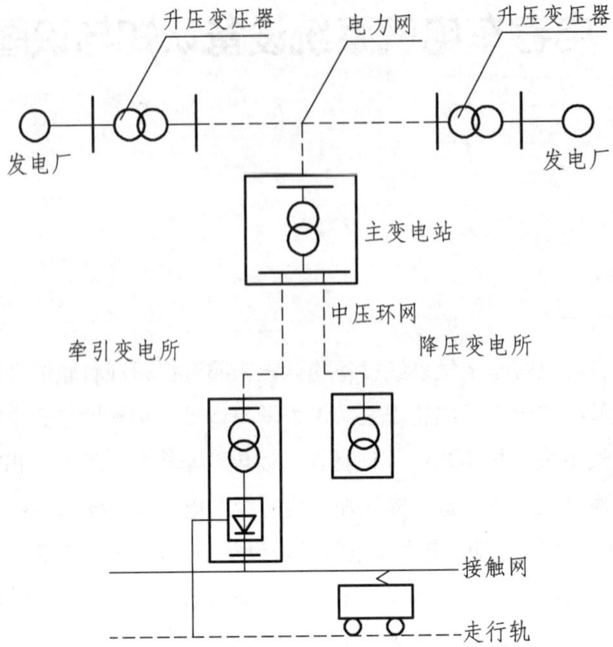

图 1-1-1　供电系统

（一）牵引供电系统

牵引供电系统主要由牵引变电所、牵引网组成，由牵引变电所、馈电线、接触网、电动列车、钢轨（走行轨）、回流线到牵引变电所，组成闭合回路，如图 1-1-2 所示，其中流通的电流称牵引电流。通常将接触网、钢轨回路（包括大地）、馈电线和回流线统称为牵引网。牵引变电所的作用是将主变电所送来的（35 kV）电能经降压和整流变成牵引列车所用的直流电能，送至接触网。我国牵引供电制式国标规定为 DC 750 V 和 DC 1500 V。

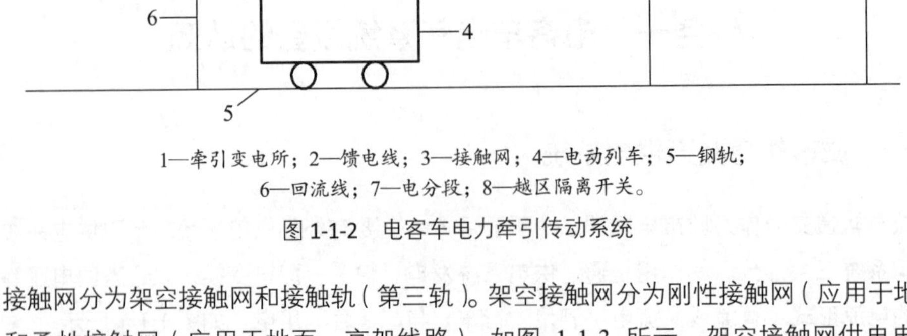

1—牵引变电所；2—馈电线；3—接触网；4—电动列车；5—钢轨；
6—回流线；7—电分段；8—越区隔离开关。

图 1-1-2　电客车电力牵引传动系统

接触网分为架空接触网和接触轨（第三轨）。架空接触网分为刚性接触网（应用于地下线路）和柔性接触网（应用于地面、高架线路），如图 1-1-3 所示。架空接触网供电电压：DC 1500 V；正常波动范围：DC 1000 V ~ DC 1800 V。

（a）柔性接触网+受电弓

（b）第三轨+集电靴

（c）刚性接触网+受电弓

图 1-1-3　接触网与接触轨

（二）动力照明供电系统

动力照明供电系统的功能是将交流中压（35 kV 或 10 kV）降压变成交流 380/220 V 电压，为运营需要的各种机电设备提供电源。

动力照明供电系统用电负荷用于车站与车辆段机电设备运转所需的电能供应，即屏蔽门、风机、水泵、空调、自动扶梯、加工设备等；也用于通信信号设备运行所需的电能供应，即照明及给排水、防灾报警等用电供应。

二、电客车电气系统组成

城市轨道交通电客车电气系统由牵引动力系统（简称牵引系统）、辅助供电系统和控制系统组成。牵引动力系统电气设备属于高压电路设备，一般为 DC 1500 V/DC 750 V 直流供电，是牵引动力和电制动力得以实现的有效载体；辅助供电系统（又称为辅助电源系统/辅助电源），一般由 AC 380 V/AC 220 V 交流电路构成，是城市轨道交通列车的中低压电源，主要为除牵引系统以外的所有车载用电设备供电；控制系统电压通常为 DC 110 V 及以下直流电压。

因此，车辆电气系统按其功能及电压高低，可分为高压牵引电路（主电路）、辅助电路和控制电路三部分。

（一）牵引动力系统（牵引系统）

1. 牵引动力系统组成

牵引动力系统主要由受流装置、高速断路器、牵引逆变器（VVVF 逆变器）、牵引电机、制动电阻器、轴端接地装置等组成。

2. 牵引动力系统功能

牵引动力系统包括三个基本功能：牵引、再生制动、电阻制动。

在牵引时，由受流装置将接触网提供的电能引入车体，再由牵引逆变器将其转换成三相可调压调频的交流电供牵引电机使用；当发生再生制动时，牵引电机转变为发电机进行工作，产生的电能经三相调频调压逆变器 VVVF 中的 IGBT 组成的桥式整流电路整流成直流电经轴端接地装置回馈给电网。再生制动发生后，再生制动产生的能量不断地增加使电网的电压抬高超过 1800 V 不能回馈电网，或者是一定距离内其他车辆不能吸收时，激活制动电阻 R 电路，将制动能量通过电阻发热消耗掉，产生电阻制动，如图 1-1-4 所示。

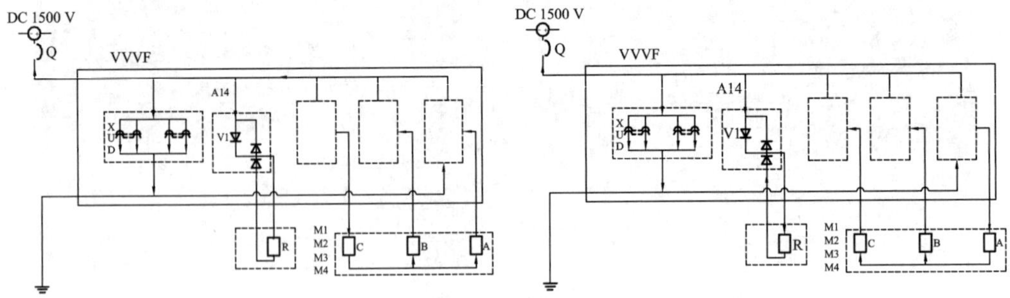

图 1-1-4　再生制动与电阻制动工作原理图

列车制动包括电制动 ED 和空气制动 EP；制动优先级为再生制动、电阻制动、空气制动。

（二）辅助供电系统

辅助供电系统作为一个为大部分车载电气设备供电的系统，其功能是保证电客车牵引主电路设备正常工作，为能自动控制电客车提供条件，并使电客车具有良好的乘坐条件。

辅助供电系统主要为列车用电设备提供中压 AC 380 V、AC 220 V 和低压 DC 110 V 电源。

辅助供电系统主要由三个部分组成，即辅助逆变器（静止逆变器）、蓄电池充电器和蓄电池。辅助逆变器主要用来为交流负载供电。蓄电池充电器和蓄电池统称为低压电源，主要用来为直流负载供电。

（三）控制系统

电客车控制系统控制方式主要有两种：一种是传统硬连线有触点的逻辑控制方式，通过一系列继电器、接触器的联锁触点等器件的“接通”和“断开”来传递控制信号，直接驱动相应的设备工作或显示，从而实现整车的控制，这种控制方式也称为继电器控制；另外一种是总线控制的方法，将电客车一部分控制和监测信号（如车门控制和监测信号、气制动控制和监测信号等）通过总线进行传输，并由列车控制系统各自模块将采集到的信号综合处理，实现对相应设备的控制和监测功能。

现代城市轨道交通电客车的列车控制由列车通信网络和列车硬线联合完成，既优先考虑采用网络控制技术，又充分考虑列车运行和安全的实际措施。

三、电客车电气系统设备配置

（一）客电车电气设备分类

城市轨道交通电客车电气系统设备众多、分布广泛，在城市轨道交通车辆各电气系统中发挥着重要的作用。

1. 按分布位置不同分类

城市轨道交通电客车电气系统的部件及设备按分布位置不同可分为车顶电气设备、车内电气设备和车底电气设备。

车顶电气设备主要有空调装置、受电弓、避雷器，部分地铁车辆车顶还安装有熔断器等。

车内电气设备包括司机室电气设备和客室电气设备。司机室电气设备包括操纵台上部和下部的所有电气设备、司机室空调、电热、照明以及司机室电气设备柜和电子柜中的所有电气设备。客室电气设备主要有客室照明、动态地图、LED 显示屏、LCD 显示屏、扬声器、摄像头、紧急对讲装置、客室电气设备柜和空调控制柜等。

车底设备主要包括：牵引系统电气设备，即高速断路器、制动电阻、牵引逆变器等；辅助供电系统设备，即辅助逆变器、蓄电池、蓄电池充电器等；供风系统；电空制动控制系统（EBCU）；高压分配装置（高压箱）以及低压箱等。

2. 按使用电能不同分类

电客车电气系统的部件及设备按使用电能不同可分为高压设备（DC 1 500 V/DC 750 V）、中压设备（AC 380 V/AC 220 V）以及低压设备（DC 110 V/DC 24 V）。

高压设备主要包括牵引及高压供电系统相关设备，如受电弓、避雷器、高速断路器、牵引逆变器等。

中压设备主要包括交流负载，如空气压缩机单元、空调装置、通风冷却装置、方便插座、客室正常照明等。

低压设备主要包括所有微机控制单元、控制电路以及电动车门驱动电机等。

3. 按服务性质不同分类

电客车电气系统的部件及设备按服务性质不同分为服务于车辆运行的设备、服务于乘客的设备和保证列车正常舒适运行的设备。

服务于乘客的设备有客室照明、通风、空调等；服务于车辆运行的设备有蓄电池、牵引逆变器、辅助逆变器、空气压缩机、司机控制器等；保证列车正常舒适运行的设备有列车诊断系统、列车自动控制系统（ATC）、通信系统等。

（二）典型车辆电气系统配置（4 动 2 拖 6 节编组列车）

4 动 2 拖 6 节车（2 个列车单元）编组列车由带司机室的拖车（Tc 车）、带受电弓的动车（Mp 车）和不带受电弓的动车（M 车）三种车型构成，其中 1 辆拖车和 2 辆动车（+Tc*Mp*M=）组成一个最小可动单元，司机可在任一 Tc 车司机室内通过贯通全车的列车线控制 6 节车同步运行。列车编组形式如下图 1-1-5 所示。

图 1-1-5　4 动 2 拖 6 节车车辆外观图

庞巴迪 AC10 型列车电气系统配置（上海地铁 7 号线/9 号线，深圳地铁 1 号线）如图 1-1-6 所示，A（Tc）车车下电气设备主要有蓄电池和蓄电池充电机、低压箱、G 阀和 S 阀等，车内主要有司机操作台、电气柜、电子柜，车顶安装两台空调装置。B（Mp）车车下电气设备主要有 PH 箱、牵引电机、制动电阻器、低压箱、S 阀和 S 阀等，车顶主要安装有受电弓和避雷器及两台空调装置，车内主要有电气柜。C（M）车车下电气设备主要有 PA 箱、牵引电机、制动电阻器、低压箱、空气压缩机组、S 阀和 G 阀等，车顶安装两台空调装置。

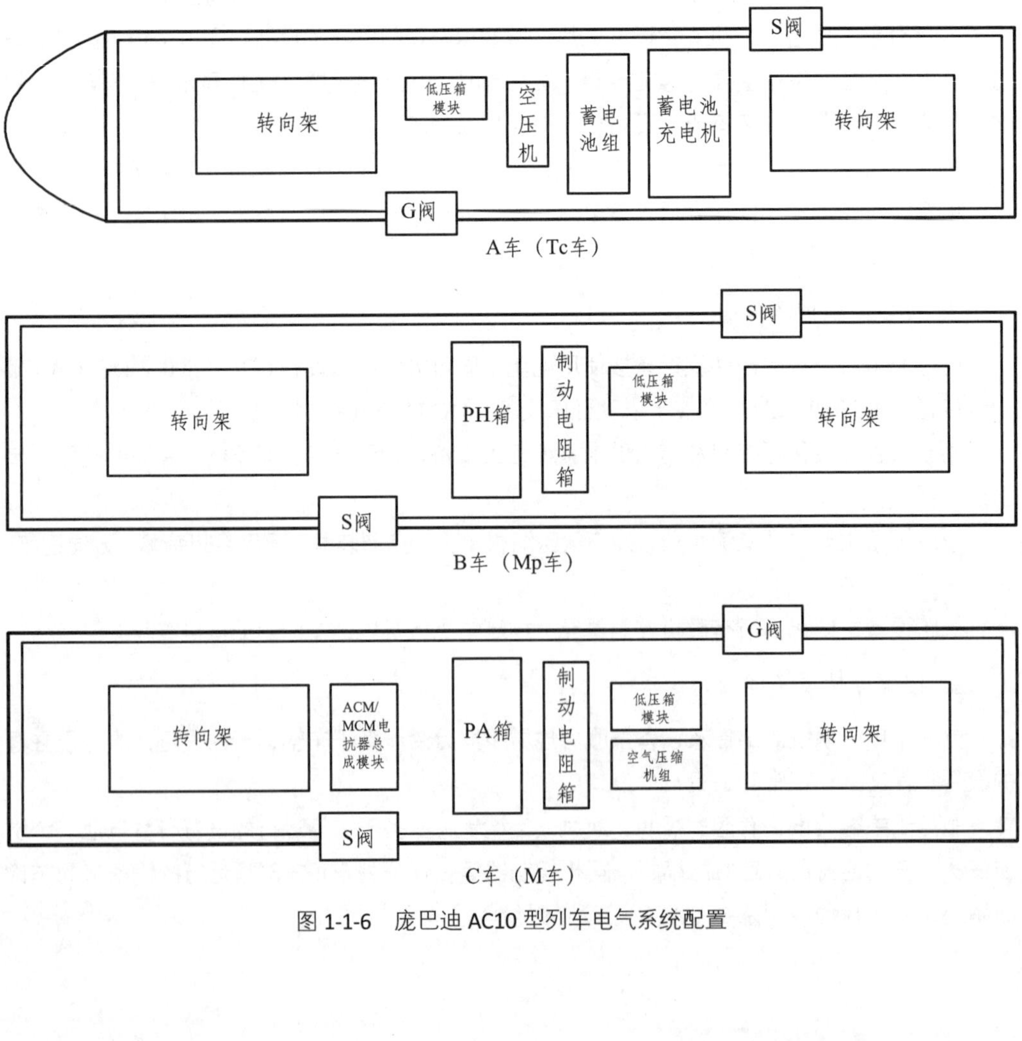

图 1-1-6　庞巴迪 AC10 型列车电气系统配置

阿尔斯通 B2 型列车电气系统配置（合肥地铁 1 号线）如图 1-1-7 所示。A（Tc）车车下电气设备主要有蓄电池低压箱、空气压缩机组、G 阀和 S 阀等，车内主要有司机操作台、电气柜、电子柜，车顶安装两台空调装置。B（Mp）车车下电气设备主要有高压箱、PH 箱、牵引电机、制动电阻器、低压箱、辅助压缩机、S 阀和 S 阀等，车顶主要安装有受电弓和避雷器及两台空调装置，车内主要有电气柜；C（M）车车下电气设备主要有 PA 箱、牵引电机、制动电阻器、低压箱、S 阀和 G 阀等，车顶安装 2 台空调装置。

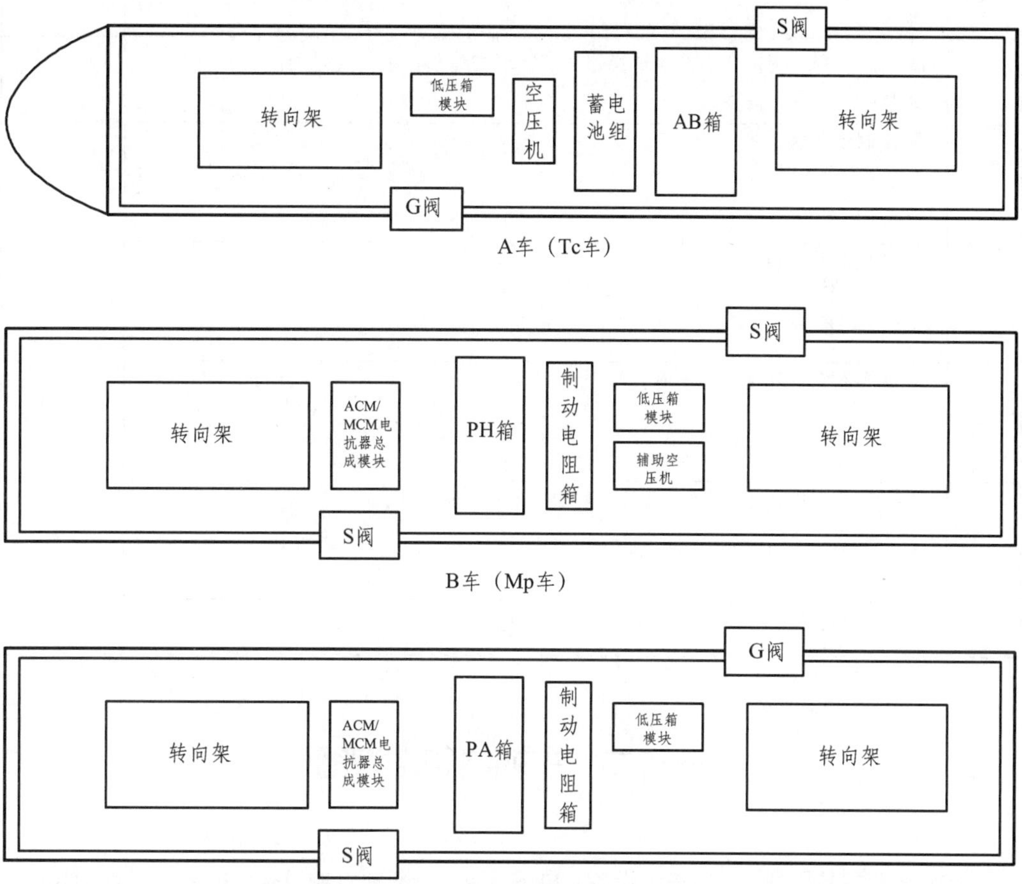

图 1-1-7　阿尔斯通列车电气系统配置

任务实施

题号	习题（填空题每空 10 分，选择题每题 10 分，判断题每题 10 分，简答题每题 10 分）	评分
1	供电系统发电、输送、配电变换，以适当的电压等级与一定的电流形式（直流或交流电）满足“________”与“运营”用电。	
2	我国牵引供电制式国标规定为 DC 750 V 和 DC________V。	

续表

题号	习题（填空题每空 10 分，选择每题 10 分，判断题每题 10 分，简答题每题 10 分）	评分
3	现代城市轨道交通电客车的列车控制由列车通信网络和列车 _______联合完成。	
4	判断题：接触网分为架空接触网和接触轨（第三轨）。 正确□ 错误□	
5	判断题：降压变电所供给轨道交通一定区域内牵引电能的变电所。 正确□ 错误□	
6	判断题：降压变电所供给轨道交通一定区域内牵引电能的变电所。 正确□ 错误□	
7	再生制动原理：	
8	辅助供电系统功能：	
9	电客车客室电气设备主要有：	
10	4 动 2 拖 6 编组庞巴迪列车 PH 箱和 PA 箱分别安装在：	
总成绩		

任务二　车辆电路图识图

车辆电路图是将列车全部电气设备、电子设备、计算机控制设备、电机、电源等组成的电路按照统一的符号表示出来的图，可帮助技术人员尽快熟悉车辆电气设备的电路结构及工作原理。因此看懂车辆电路图是学习列车电气系统的一项重要内容，是进行列车故障分析和处理的前提，也是技术人员必须掌撑的基本技能。

车辆电路图一般分为电气原理图、安装配线图、原理配线图。电气原理图主要反映了电气系统结构和工作原理，安装配线图主要反映了电气设备的安装和配线，而原理配线图既可用于研究电气原理又可用于安装和配线。本书中的电路图指的是电气原理图。

下面介绍车辆电路图的识图。

一、车辆电路符号系统识读

1. 常见车辆电路符号

常见车辆电路符号如表 1-2-1 所示。

表 1-2-1　AC10 列车电路常见符号

序号	图形符号	说明	电气符号	序号	图形符号	说明	电气符号
1	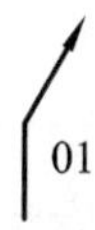	受电弓	Q	14	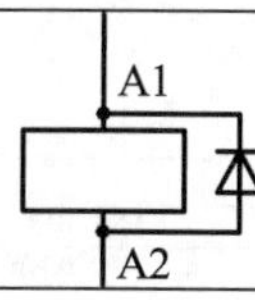	继电器线圈（并联续流二极管）	K
2		避雷器	F	15	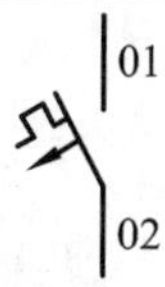	微型断路器	F
3	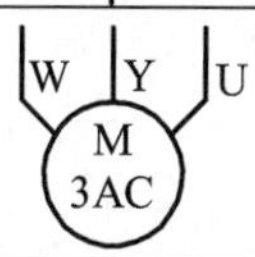	三相交流电机	M	16	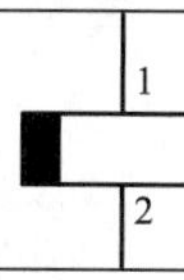	时间继电器线圈	K
4	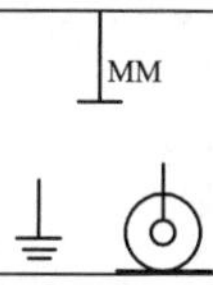	接地、外壳接地、轴端接地	Q	17	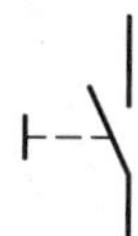	按钮开关	S
5	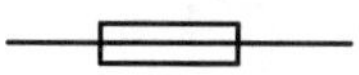	熔断器	F	18	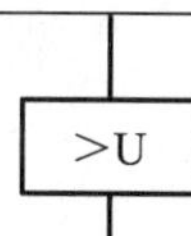	过压继电器线圈	K
6	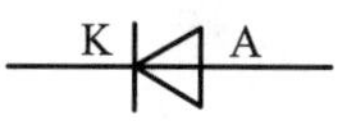	耦合二极管	V	19	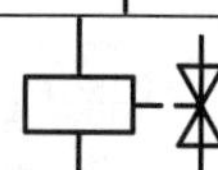	电空阀	Y
7		电感	L	20	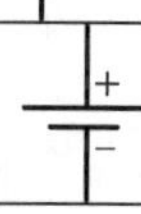	蓄电池	G
8	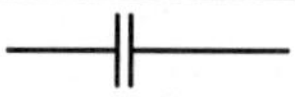	电容	C	21	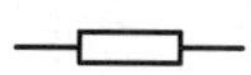	电阻	R
9	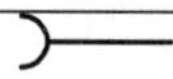	插头、插座、连接线	X	22	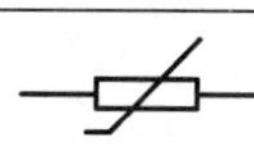	压敏电阻	B
10	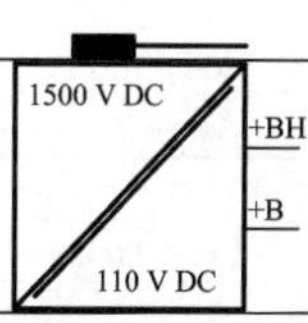	蓄电池充电机	G	23	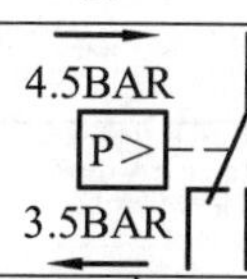	压力继电器	K
11	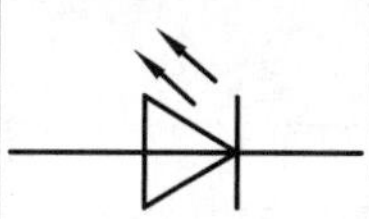	发光二极管（指示灯、按钮灯）	S、H	24		照明灯、指示灯	E、H
12	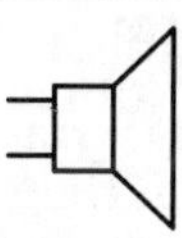	扬声器	B	25	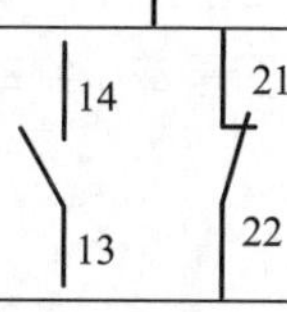	继电器常开常闭触点	K
13	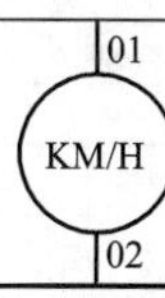	速度表	P	26	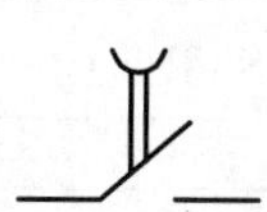	延时继电器触点	K

2. 电路图分区

电路图一般横向分为 8 区，用阿拉伯数字 1、2、3、4、5、6、7、8 表示；纵向分为 6 区，用大写英文字母 A、B、C、D、E、F 表示。通过坐标定位，可以方便定位到元件，如图 1-2-1 所示。

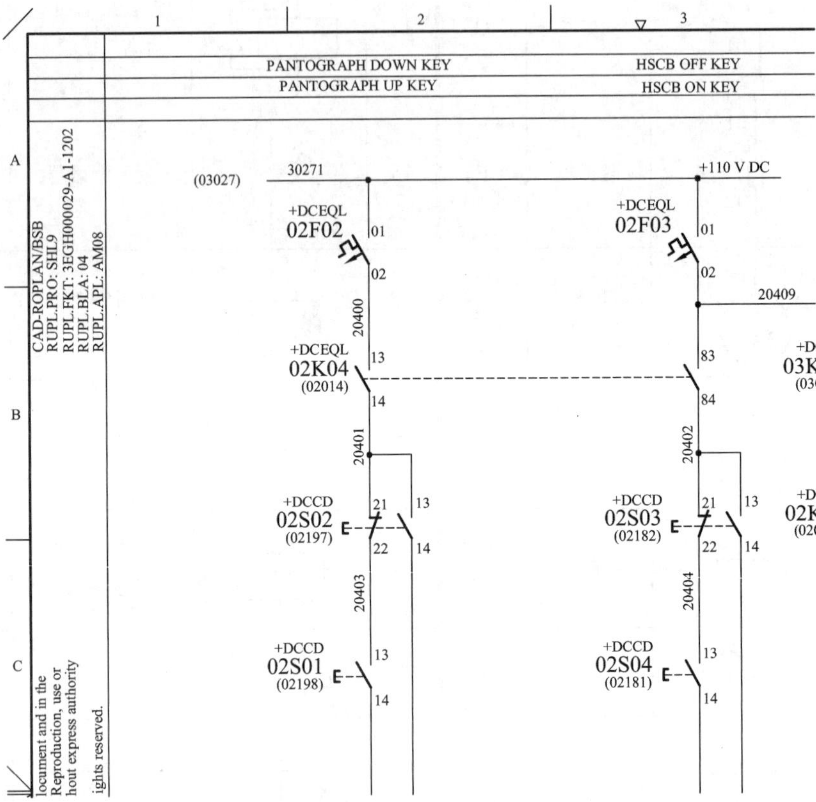

图 1-2-1　电路图分区

3. 图　号

电路右下角标注了地铁线路、设计单位、功能和车号、图纸编号，如图 1-2-2 所示。

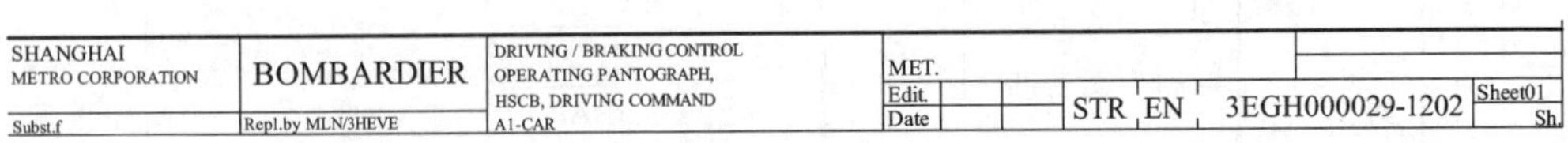

图 1-2-2

图号位于图纸标识栏的右侧，用于说明电路图的识别信息。图号的前 12 位为厂家的项目代码（3EGH000029-12）表，最后两位（00）表示功能组（或称为电路图第几章）。在图 1-2-3 这个图号里面，02 代表这张图是牵引制动控制电路，Sheet01 代表第一张图。

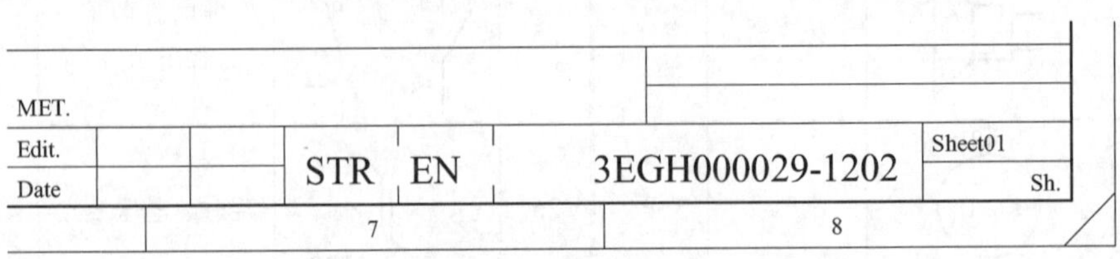

图 1-2-3　图纸编号

4. 元件号

车辆电路系统上的每个元件均有独立的元件编号，包括功能组、元件电气文字符号、元件代号、安装位置代号等信息，如图 1-2-4 所示。

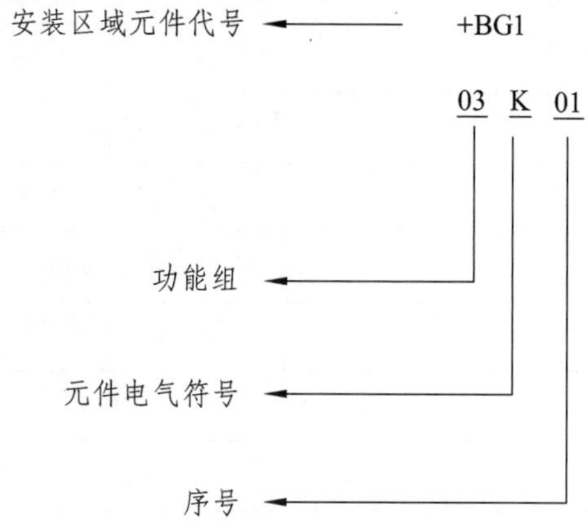

图 1-2-4　元件号

第 1、2 位数字为元件功能组代号，用 01 ~ 09 表示。详细的功能组代号及意义见表 1-2-2。

表 1-2-2　功能组代号及意义

代号	意　义
01	主电路
02	牵引/制动控制电路
03	辅助系统电路
04	监控与信息电路
05	照明电路
06	空调电路
07	附属设备电路
08	车门电路
09	特殊设备、车钩电路

第 3 位为元件的电气文字符号，用英文字符表示；部分常用的电气元件符号及意义见表 1-2-3；第 4、5 位为元件的流水序号，用 01 ~ 99 表示。

表 1-2-3　电气元件符号及意义

字母	意　义
A	模块（单元）、手柄
B	扬声器、传感器
E	照明灯

续表

字母	意　义
F	微型断路器（MCB）、熔断器
G	充电器、蓄电池
H	指示灯
K	接触器、继电器
S	开关、按钮
Y	电磁阀、车钩
V	二极管
P	气压表、电压表、里程计
X	插座

在元件代号的上方标注了元件的安装位置代号，“+”表示后面跟的字符为位置代号，如表 1-2-4 所示。

表 1-2-4　元件安装位置

+BGI	BOGIE AT CAR END NO. 1
+BGII	BOGIE AT CAR END NO. 2
+CBRFAC1	CARBODY ROOF AIR CONDITION 1
+CBRFAC2	CARBODY ROOF AIR CONDITION 2
+DCC	DRIVERS CAB CEILING
+DCCD	DRIVERS CAB CO-DRIVERS DESK （LEFT）
+DCDD	DRIVERS CAB DRIVERS DESK （RIGHT）
+DCELL	DRIVERS CAB ELECTRONIC LOCKER
+DCEQL	DRIVERS CAB EQUIPMENT LOCKER
+DCFWL	DRIVERS CAB FRONT WALL LEFT
+DCFWR	DRIVERS CAB FRONT WALL RIGHT
+DCRF	DRIVERS CAB ROOF
+DCRWCL	DRIVERS CAB REAR WALL CEILING LEFT
+DCSWLP	DRIVERS CAB SIDE WALL LEFT PANEL
+DCSWRP	DRIVERS CAB SIDE WALL RIGHT PANEL
+IE2PCCL	INTERMEDIATE END 2 PASS COMPART CEILING LEFT
+PCLS01D	PASSENGER COMPARTMENT LEFT SIDE 01 （DOOR）
+PCLUS01	PASSENGER COMPARTMENT LEFT SIDE AMONG TIER 1

续表

+PCRS02D	PASSENGER COMPARTMENT RIGHT SIDE 02 （DOOR）
+UF2LCCB	UNDERFRAME END 2 LEFT COUPLER CONNECTION BOX
+UFACA	UNDERFRAME AUTOMATIC COUPLER AREA
+UFAEB	UNDERFRAME AUXILIARY EQUIPMENT BOX
+UFBB1	UNDERFRAME BATTERY BOX 1 （LEFT）
+UFBB2	UNDERFRAME BATTERY BOX 1 （RIGHT）
+UFBCB	UNDERFRAME BATTERY CHARGER BOX
+UFBCU	UNDERFRAME BRAKE CONTROL UNIT
+UFBS1	UNDERFRAME BOGIE SECTION BOGIE NO 1
+UFBS2	UNDERFRAME BOGIE SECTION BOGIE NO 2
+UFDCLB	UNDERFRAME DRIVERS CAB BOX LEFT
+UFDCRB	UNDERFRAME DRIVERS CAB BOX RIGHT
+UFE1BV	UNDERFRAME END 1 BRAKE VALVE
+UFE2BV	UNDERFRAME END 2 BRAKE VALVE
+UFE2DA	UNDERFRAME DRAWBAR AREA CAR END 2
+UFPE	UNDERFRAME STAGING AREA PROTECTIVE EARTH

例如：在图 1-2-5 中，08K09 代表车门电路中序号为 09 的继电器；02 V04 代表牵引制动控制电路中序号为 04 的二极管；02S13 代表牵引制动控制电路中序号为 13 的开关； +DCEQL 代表位于设备柜中。

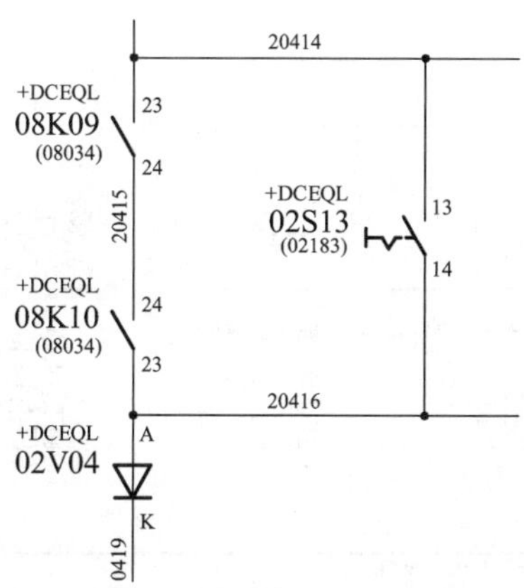

图 1-2-5　实　例

5. 子元件号

子元件号由单字符电气文字符号和两位流水序号组成，如图 1-2-6 所示。

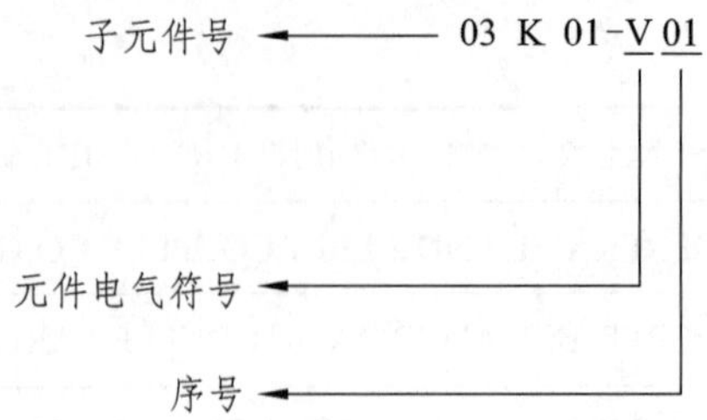

图 1-2-6　子元件号

6. 交叉引用标识

交叉引用标识（又称参照码）用于在电路图的其他页面找到该页中没有标出的电缆，或说明某个设备在本页缺少的部分可以在电路图的哪一页里找到。如图 1-2-7 表示该元件或电缆可在电路图 03 组（第 3 章，辅助系统）第 2 页第 3 区（电路图每页纵向等分成 8 个区）找到。

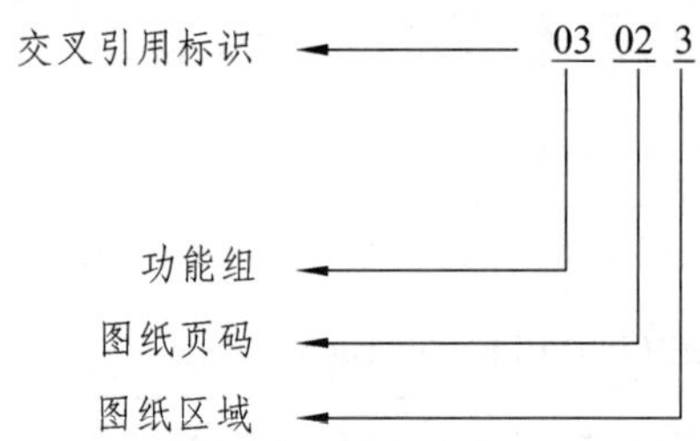

图 1-2-7　交叉引用标识

例如图 1-2-8 中，要寻找 02K04 继电器（53-54）触点所在的位置

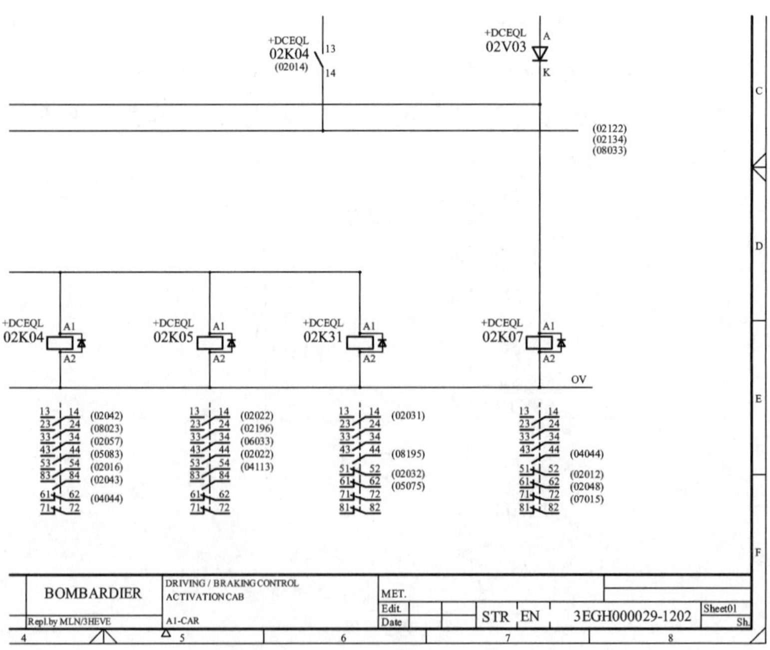

图 1-2-8　交叉引用标识实例

第一步：利用（53-54）触电右边交叉引用标识，找到该编号图纸，0201 代表牵引制动

控制电路的第一张图。

第二步：找到该触点所在的区域，06 代表第 6 分区。

7. 线　号

电缆编号由 5 位数字组成，第 1 位为功能组代码，用数字 1～9 表示，代表功能组 01～09；第 2、3 位表示该电缆在该功能组中的页码，用 01～99 表示；第 4、5 位为连续序号，用 01～99 表示。一根电缆往往出现在多页电路图中，这时用交叉引用标识查找该电缆的走向，如图 1-2-9 所示。

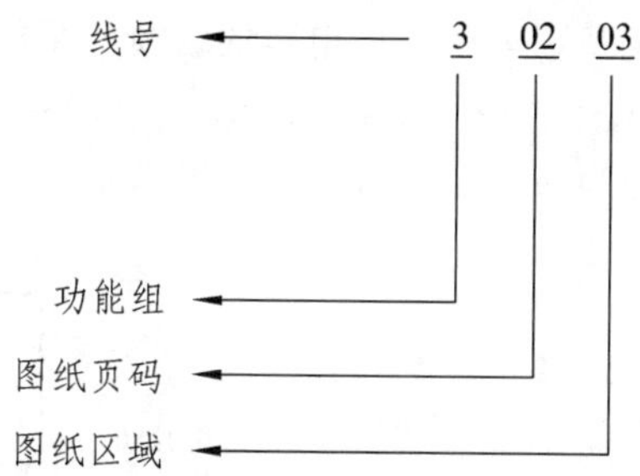

图 1-2-9　线号

例如图 1-2-10 中需查找 30272 线（02081）的走向，（02081）代表通往牵引制动控制电路第 8 张图纸的 1 区。查找步骤如下：

第一步：找到该编号图纸。

第二步：在第 1 分区内搜索。

第三步：寻找相同的线号。

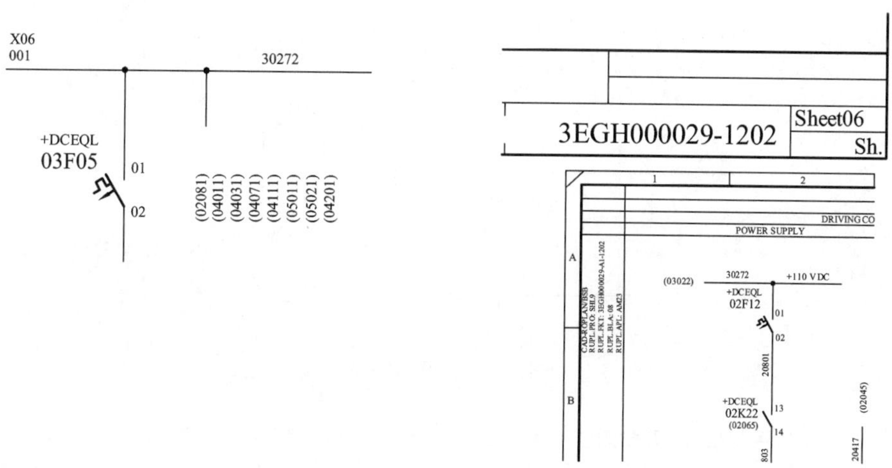

图 1-2-10　查找 30272 线（02081）的走向

二、电路中常见联锁方式

（一）联　锁

联锁是为满足控制线路的逻辑要求而设置的。常用联锁方法有机械联锁与电气联锁两大类。

1. 机械联锁

机械联锁的作用是避免因司机误操作造成人身及设备不安全。目前地铁列车上采用的机械联锁主要有司机控制器换向手柄与调速手柄间的机械联锁，换向手柄与钥匙开关的机械联锁。

2. 电气联锁

常见的电气联锁有串联联锁、并联联锁、自持联锁、延时联锁。

1）串联联锁

定义：在电器工作线圈前串联若干其他电器的联锁。图 1-2-11 中，继电器线圈 07K18 得电条件须同时满足开关 07S01 闭合、常开触点 07K15 闭合、常闭触头 07K16 闭合三个条件。

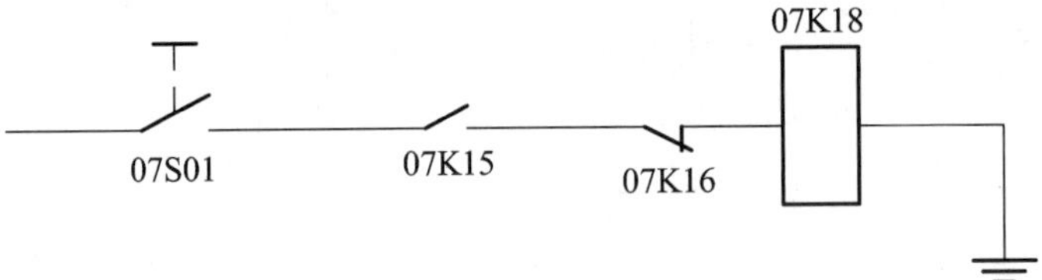

图 1-2-11　串联联锁

特点：多个条件使一个电器得电。任一条件不满足电器无法得电。

2）并联联锁

定义：在电器工作线圈前并联若干其他电器的联锁。图 1-2-12 中继电器线圈 07K18 的得电条件要求是满足开关 07S01 闭合、触点 07K15 闭合、07K16 触点常闭任一条件即可。

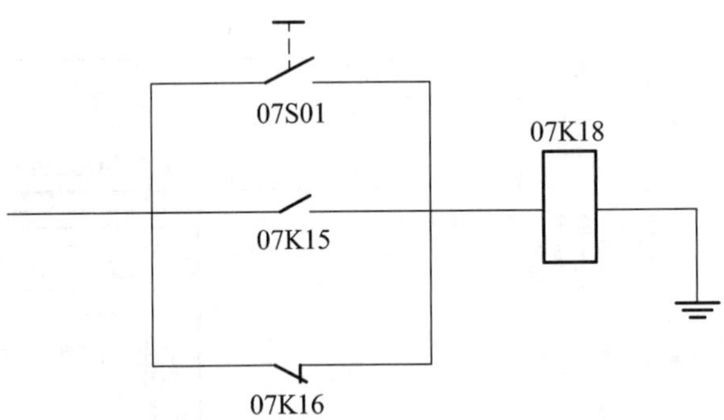

图 1-2-12　并联联锁

特点：对电器的动作顺序没有固定要求，电路中常用这种联锁作为双重供电线路以保证重要电路供电的可靠性。

3）自持联锁

定义：在某电器工作线圈前的电路中并联有该电器本身的常开联锁。图 1-2-13 中，继电器 07K18 的吸合条件是开关 07S01 闭合，继电器 07K18 的线圈得电，该继电器吸后合，其本身的常开联锁闭合。此后，即使 07S01 开关断开，继电器 07K18 的线圈也仍可由自身的常开联锁供电保持吸合状态，只有在其常开联锁以外的电路断开时，07K18 的线圈才会失电。

特点：电器吸合时需要一定的条件，电器吸合后这种条件可能消失，但电器此时仍能保持吸合状态，只有在电路的其他部分断开时，才能使该电器释放。

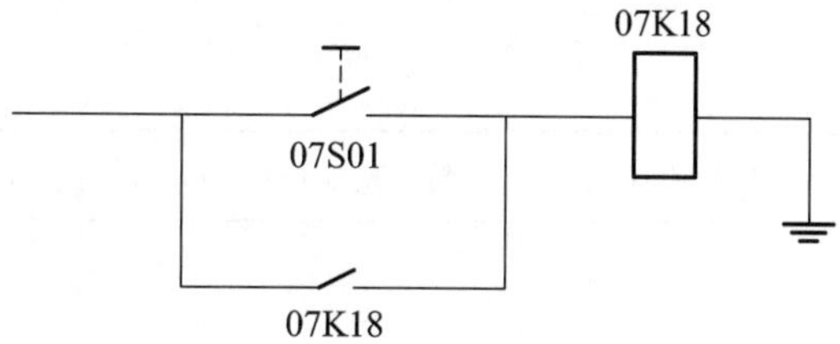

图 1-2-13　自持联锁

4）延时联锁

定义：延时联锁是指某电器的线圈得失电与其联锁动作不同步，如图 1-2-14 所示。

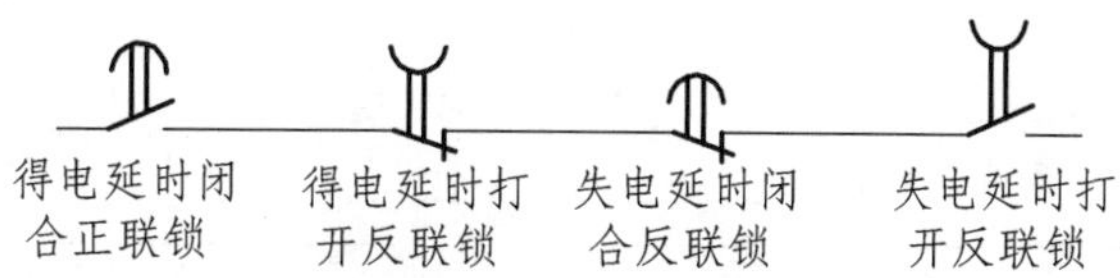

图 1-2.-14　延时联锁

三、电路关系的逻辑代数表示

（1）控制电路中有关导线、开关、联锁和电器的工作线圈一律用该电器在车辆中规定代号表示。

（2）控制电路中串联连接的元件用逻辑与符号“·”表示串联电器之间的关系。

（3）控制电路中并联连接的元件用逻辑或符号“+”表示并联电器之间的关系，并且用括号括起来。

（4）描述控制电路一般从控制电源正极写起，但有时为了简明和叙述方便可从某一重要导线写起。

（5）继电器、电磁接触器、电空接触器等的常开联锁用该电器的代号书写，常闭联锁在该电器的代号上加一短直线（逻辑非符号“¯”），线圈用该电器的代号外加方框表示。

图 1-2-15 为风速继电器电路。

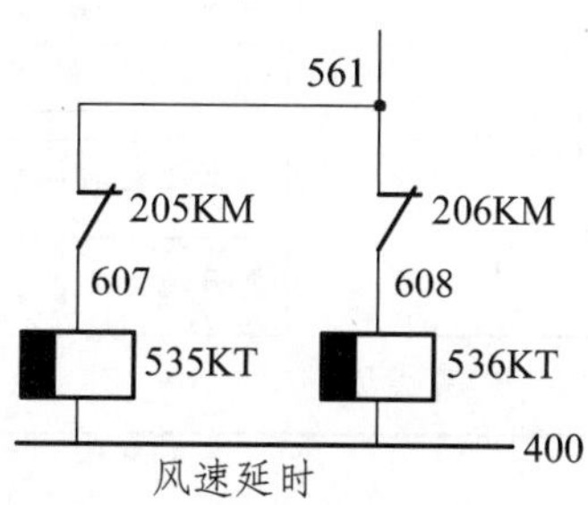

图 1-2-15　风速继电器电路

电路关系的逻辑代数为：$561 \cdot \overline{205KM} \cdot 607 \cdot 535KT + (\overline{206KM} \cdot 608 \cdot 536KT) \cdot 400$

任务实施

<table>
<tr><th>题号</th><th colspan="2">习题（填空题每空 10 分，选择题每题 10 分，判断题每题 10 分）</th><th></th></tr>
<tr><td>1</td><td colspan="2">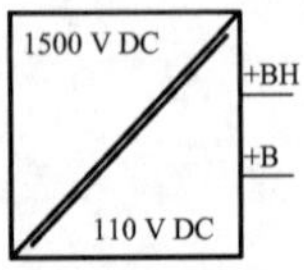

此元件名称是__________________</td><td></td></tr>
<tr><td>2</td><td colspan="2">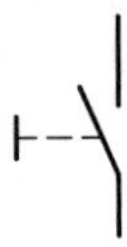
此元件名称是__________________</td><td></td></tr>
<tr><td>3</td><td colspan="2">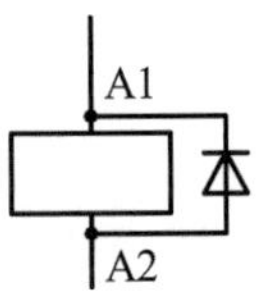

此元件名称是__________________</td><td></td></tr>
<tr><td>4</td><td colspan="2">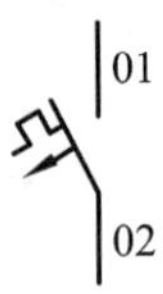

此元件名称是__________________</td><td></td></tr>
<tr><td rowspan="8">5</td><td rowspan="8">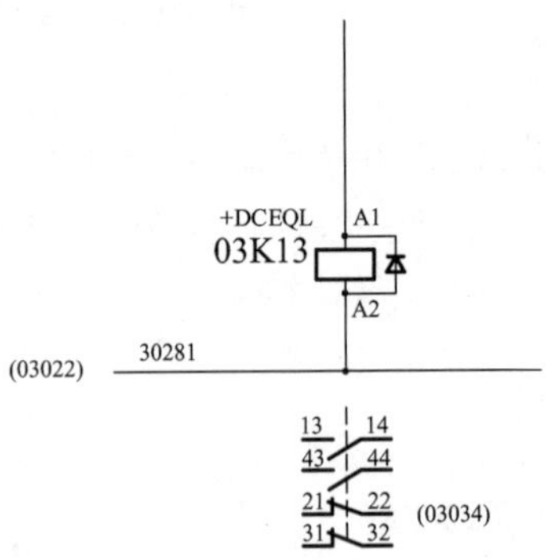
</td><td>03K13 中 03 表示__________</td><td rowspan="8"></td></tr>
<tr><td>K 表示_______</td></tr>
<tr><td>13 表示________</td></tr>
<tr><td>DCEQL 表示__________</td></tr>
<tr><td>30281 表示__________</td></tr>
<tr><td>03022 表示__________</td></tr>
<tr><td>常开触头个位数用_____表示</td></tr>
<tr><td>常闭触头个位数用_____表示</td></tr>
<tr><td colspan="3">总成绩</td><td></td></tr>
</table>

项目二　车辆电气系统设备认知与识图

项目描述

本项目是针对庞巴迪 AC10 型电客车牵引电气设备在 6 辆编组配置的学习，实施地点安排在电客车虚拟仿真实训室和电客车电气系统维护与检修实训基地，以电客车电器模型、实物、PPT、微课、视频为学习载体，构建主型设备总体认知，为后续各电气控制故障处理的学习打好基础。

本项目共 3 项学习任务，即“牵引高压电气设备认知”“辅助供电电气设备认知”“低压电气设备认知”。

关键知识点：各车电器设备安装位置；电气设备结构、功能及技术参数。

关键技能点：电气设备正常工作状态与故障状态。

学习目标

1. 能正确描述 AC10 型电客车电气系统各主型电器结构及功能；
2. 能正确识别 AC10 型电客车电气系统低压电器正常工作状态与故障状态。

知识课堂

任务一　牵引高压电气设备认知

牵引系统是为列车提供动力的主要系统，由受流设备（受电弓）及列车牵引系统构成。牵引变流器经受电弓从接触网获得 DC 1500 V 高压，并由变流器控制转换，以此驱动牵引电机带动列车运行。

完整的牵引系统构成主要包括受电弓、避雷器、高速断路器、牵引逆变器、牵引电机、制动电阻器及轴端接地装置等。高压电气设备配置如表 2-1-1 所示。

表 2-1-1　高压电气设备配置

设备名称		Tc	Mp	M	M	Mp	Tc
受电弓		—	1	—	—	1	—
避雷器		—	1	—	—	1	—
PH 箱	接地隔离开关	—	1	—	—	1	—
	高速断路器	—	2	—	—	2	—
牵引逆变器							
牵引电机							
制动电阻器							
轴端接地装置							

一、受电弓

（一）受电弓概述

受电弓是轨道交通电客车从架空接触网线汲取电流的设备，主要有电动弓和气动弓两种。气动受电弓具有结构简单、性能安全可靠、维护简单、日常维护工作量小等特点，应用广泛，且在整个车辆速度范围内具有良好的空气动力学特性。受电弓在各种轨道状态下与架空接触导线都具有良好的接触状态和接触的稳定性。

每列车安装有两台受电弓，分别安装于两台动车的一位端。两个受电弓分别给本单元的牵引系统供电，并通过辅助高压母线同时向整车辅助逆变器供电。

气囊式受电弓适用于速度在 120 km/h 以下的各类轻轨、地铁车辆，安装有先进的自动降弓系统（ADD），在受电弓滑板条磨耗到限或弓头滑板条遇到外力损坏时，受电弓能以大于 1 m/s 的速度做快速降弓运动，从而有效地保护了受电弓和接触网线的安全。同时，该型受电弓还安装有故障恢复系统。

（二）气囊式受电弓部件组成及功能

受电弓主要由底架、下臂杆、上臂杆、弓头等部件组成，如图 2-1-1 所示。

气囊式受电弓的升弓动力来源于空气弹簧组装，当车内压缩空气进入空气弹簧组装后空气弹簧向水平方向移动，安装在气囊组装前推板上的钢丝绳推动下臂杆旋转，使受电弓升起。受电弓的缓冲是通过安装在下臂杆和上臂杆上的液压阻尼器来实现的。通过安装液压阻尼器可使弓头的滑板条有很好的随网性。

ADD 自动降弓系统主要由 ADD 系统小控制箱、系统用管路和可充气的碳滑条组成。压缩空气经过小控制箱通过安装在底架、下臂杆和上臂杆中的管路将压缩空气充入弓头碳滑条中，当弓头碳滑条遇到节点损坏或碳滑条磨耗到限时，ADD 自动降弓系统开始工作，快排阀打开，受电弓自动降弓，可以有效地保护架空接触网线和受电弓。

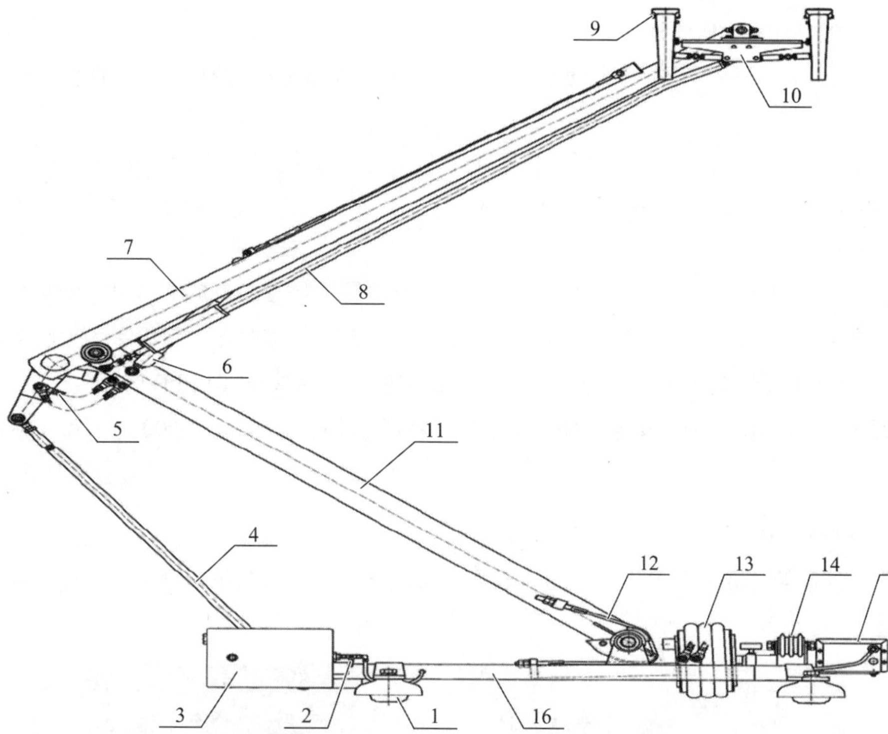

1—支持绝缘子；2—截断塞门；3—气源控制箱；4—拉杆；5—导流线；6—阻尼器；7—上臂杆；8—平衡杆；9—碳滑条；10—横托架；11—下臂杆；12—升弓钢丝绳；13—升弓气囊；14—小绝缘子；15—电控箱；16—底架。

图 2-1-1　气囊式受电弓部件组成

（三）紧急升弓操作

电客车紧急升弓设备均安装在在 Mp 车的电气设备柜中，辅助压缩机紧急升弓装置安装在 Mp1 车电气设备柜内，脚踏泵紧急升弓装置安装在 Mp2 车电气设备柜内。

1. 辅助压缩机紧急升弓（有电无气）

若在 Tc1 车唤醒列车后，观察驾驶台总风压力表，若总风压力不足 550 kPa，需采用辅助压缩机紧急升弓，如图 2-1-2 所示。

图 2-1-2　辅助压缩机及风缸集成

辅助压缩机升弓操作步骤：

第一步：打开 Mp1 车的电气设备柜柜门，按下辅助压缩机启动按钮，辅助压缩机开始工作。

第二步：辅助压缩机工作结束后，按下 Tc1 车司机室的升前弓按钮，Mp1 车的受电弓升弓（（如果在 Tc2 车唤醒列车操作，此步应该按下 Tc2 车的升后弓按钮 RRPPB），使 Mp1 车的受电弓升弓）。

第三步：受电弓升弓后，列车的空气压缩机开始工作，给整车总风管供风，电客车司机观察驾驶台总风压力表，当总风压力达到 5.5 bar 后，才可以按下 Tc1 车司机室的升后弓按钮（如果在 Tc2 车唤醒列车操作，此步应该按下 Tc2 车的升前弓按钮 RLPPB 升弓）。

第四步：在 DDU 上确认受电弓处于正常升弓状态，且有高压（DC 1 000 V ~ DC 1 800 V）显示。

2. 脚踏泵紧急升弓（无电无气）

列车无法唤醒，且驾驶台上总风压力表显示总风压力不足 5.5 bar，需采用脚踏泵紧急升弓，如图 2-1-3 所示。

图 2-1-3　脚踏泵紧急升弓

脚踏泵升弓操作步骤：

第一步：打开 Mp2 车的电气设备柜柜门，取出脚踏泵；

第二步：操作电气设备柜内升弓气路板上电磁阀，踩踏脚踏泵；

第三步：保证 Mp2 车电气设备柜内升弓气路板上压力表稳定在 500 kPa 以上（低于 450 kPa 时应继续踩脚踏泵使压力上升到 500 kPa 以上）；

第四步：到 Tc1 车司机室操作列车 TAS（唤醒休眠旋钮）至唤醒位，司机控制器钥匙指令“ON”位，按下升后弓按钮，Mp2 车的受电弓升弓（若在 Tc2 车司机室，则按下升前弓按钮升弓），此时方可恢复升弓气路板上电磁阀；

第五步：列车的空气压缩机开始工作，给整车打气，确认总风气压达到 550 kPa 后，将脚踏泵踩到折叠位并锁紧；

第六步：放回脚踏泵（如需升双弓，可以按下 Tc1 车司机室的升前弓按钮，在 Tc2 车司机室操作时按下升后弓按钮）；

第七步：在 DDU 上确认受电弓处于正常升弓状态，且有高压（DC 1 000 V ~ DV 1 800 V）显示。

二、避雷器

（一）避雷器功能

避雷器又称浪涌吸收器，是一种保护设备免受瞬态过电压危害的保护电器。对于地铁车辆而言，避雷器可以防止来自城市轨道交通外部或内部的过电压对车辆电器设备的破坏，并且限制过电压时间和过电压幅值。因此，避雷器又得名过电压保护器、过电压限制器。

避雷器并联在被保护电气设备与地之间，安装在 B 车车顶受电弓旁或车底。

（二）3EB4 型避雷器组件

避雷器由聚合物复合壳体、法兰、非线性金属氧化物电阻及压力释放隔膜等部件组成，如图 2-1-4 所示。

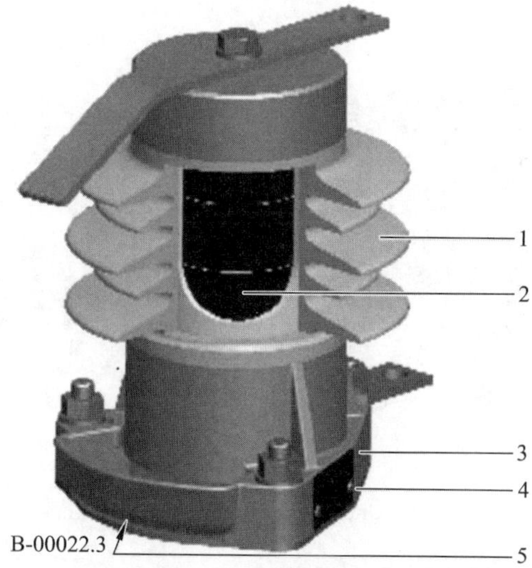

1—聚合物复合壳体；2—带瓦斯分流器的法兰；3—非线性金属氧化物电阻；4—过渡板；5—灭弧孔。

图 2-1-4　3EB4 型避雷器

聚合物复合壳体是采用高机械强度的纤维增强塑料管，保证避雷器过载时塑料管不会断裂，避雷器出现故障时无零件脱落。

避雷器的有功元件为金属氧化物电阻，它安装在气密的聚合物复合壳体中。金属氧化物电阻为高度非线性，即它们拥有尖锐的电压-电流特性曲线。在某一电压值以下时，只有少量泄漏电流流过避雷器。避雷器设计为在正常连续电压条件下，只有约不到 1 mA 的泄漏电流流过。雷电过电压或操作过电压时，电阻可导电（欧姆范围），这样浪涌电流可流向大地，过电压减为经过避雷器的残压。操作过电压时浪涌电流可高达 500 A，雷电过电压时其值可达

1 ~ 5 kA 甚至 10 kA。

避雷器的下端板备有一个压力释放隔膜和一个瓦斯分流器，如避雷器过载，该压力释放隔膜将在一定的压力值打开成为聚合物复合壳体压阻力的一部分。在这种情况下，气流将被导向附于避雷器上部法兰的消弧角上，这种电弧可延伸到壳体外部，直至馈线断电。

三、高速断路器

高速断路器 HSCB（High Speed Circuit Breaker）是一种采用电磁驱动方式的高压断路器，由于电磁驱动装置反应迅速，动作快，因此称其为高速断路器，也称为线路断路器。

高速断路器在城市轨道交通车辆上主要作为车辆电气系统的总开关和总保护，可以实现电源的接通与切断控制，是一种能对电路进行开关控制（分断、闭合）和保护的高压电器。

开关控制是指当高速断路器闭合时，车辆将获得由受电弓从接触网（或第三轨）引入的电源，使车辆得以投入工作。

保护是指若车辆主电路或辅助电路（是否包括辅助电路，视不同电气系统结构原理而定）发生短路、过载、接地等严重故障时，故障信号通过相关控制电路使高速断路器自动开断，切断车辆总电源，从而防止故障范围的扩大。

目前地铁电客车主要采用赛雪龙生产的 UR 系列高速断路器 UR6-31、UR6-32（见图 2-1-5）、UR10、UR15 等。

图 2-1-5　UR6-31 与 UR6-32 型高速断路器

高速断路器安装在 MP 车车底 PH 高压箱中，一个单元有 2 个，两个 HSCB 均水平位于机械固定座上。一个 HSCB 用作同一辆 Mp 车上 VVVF 逆变器（MCM）的主要保护设备，第二个 HSCB 为邻近的 M 车上的 VVVF 逆变器（MCM）提供上述保护。

四、牵引逆变器

4 动 2 拖列车车底安装有 4 台牵引逆变器，2 个 MP 车和 2 个 M 车均各安装有 1 台逆变器，每台牵引逆变器驱动 4 台牵引电机。牵引逆变器是列车牵引系统的重要组成部分，采用脉宽调制的变频变压技术（VVVF）。将接触网（或接触轨 DC 750 V）DC 1 500 V 逆变成一个带有可变振幅和频率的三相电压，为牵引电动机运行提供合适的能量。牵引逆变器除逆变器本身外，还有充电回路、滤波回路。滤波单元采用大的电抗器和电容器对输入牵引吸引的电流进行滤波，从而优化逆变器电源的品质。

牵引逆变器箱包括 IGBT 模块、线路滤波电容器、牵引控制单元和冷却风机，如图 2-1-6 所示。

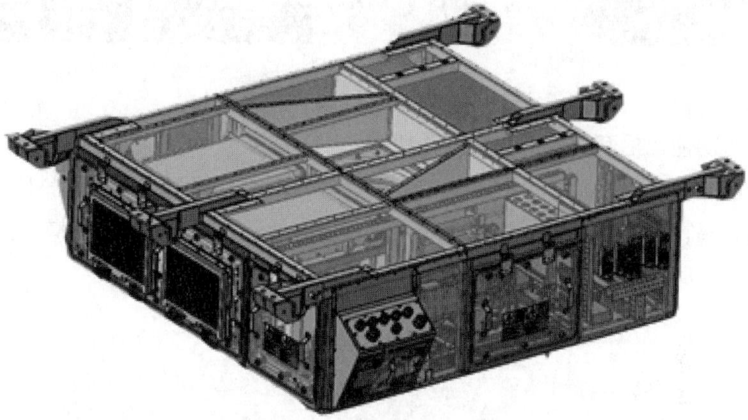

图 2-1-6　牵引逆变器箱

五、牵引电机

（一）牵引电机概述

牵引电机是牵引传动系统中转矩的输出部件，电客车牵引电机一般采用三相鼠笼式异步牵引电机。为了运行中承受水平、垂直和轴向的振动，牵引电机以全悬挂方式安装于动车转向架上，每个动车转向架上安装了 2 台牵引电机，如图 2-1-7 所示。

图 2-1-7　牵引传动装置

牵引电机通过一个弹性联轴节与轮对齿轮箱相连，牵引电机、联轴节（联轴节可用来平衡齿轮箱和牵引电机之间的相对移动）、齿轮箱构成列车的牵引传动装置。通过联轴节与齿轮箱连接，将转矩传送到车轮上。

（二）牵引电机结构与功能

牵引电机主要由定子组件、转子组件、非传动端轴盖组件、传动端轴盖组件等组成，如图 2-1-8 所示。牵引电机安装有速度传感器，其连接器连接到转向架安装配套连接器部分。

图 2-1-8　牵引电机结构

牵引电机功能包括牵引功能和电制动功能。

牵引功能主要用于在牵引过程中输出牵引转矩，牵引转矩通过一个弹性联轴节从牵引电机传递到齿轮箱，牵引电机将电能转化成动能传递给齿轮箱，从而带动列车运动。牵引电机电实现牵引功能时的能量传递见图 2-1-9。

图 2-1-9　牵引电机电实现牵引功能时的能量传递

电制动功能主要用于将动能转化成电能传递给牵引逆变器箱，牵引电机在电制动过程中起到发电机的作用。

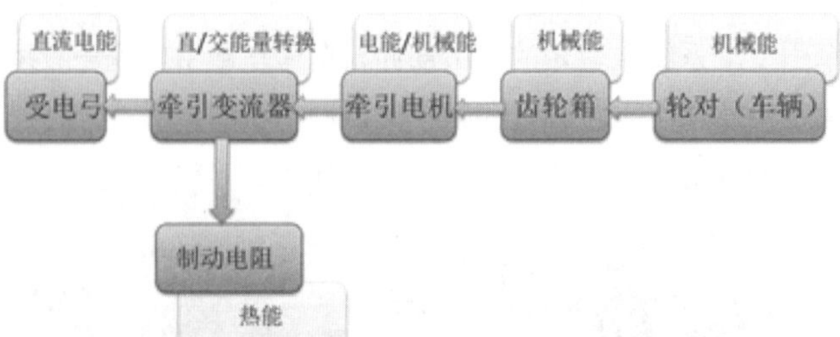

图 2-1-10　牵引电机电实现制动功能时的能量传递

六、制动电阻器

制动电阻的功能是在列车电制动时，将电网不能吸收的电能转变为热能，通过制动电阻使 DC-link 电容快速放电。

制动电阻由电阻体、风机和监控装置构成，如图 2-1-11 所示。

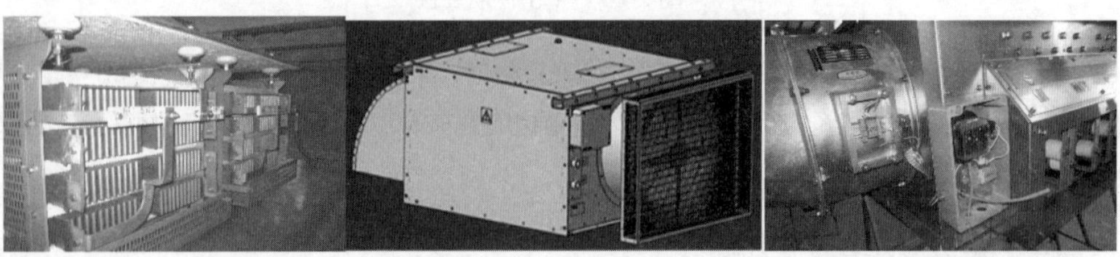

图 2-1-11　制动电阻

七、接地回流装置

接地回流装置用于列车供电回流、接地保护以及防止电流经过轴承产生电蚀，基本上是作为从车辆的固定端与旋转部件之间电流转换的低电阻电桥。

接地回流装置主要的功能包括有效电流的转移（指接地回流装置能转移电客车车辆从接触网或第三轨获得的有效电流）、信号电流的转移、车辆的接地保护（导电部件都必须与大地连接）等。

接地回流装置主要由端盖、刷架、绝缘盘、摩擦盘及碳刷组件组成，如图 2-1-12 所示。

1—刷握；2—端盖；3—轴端

图 2-1-12　接地回流装置

在车轴端部设置一个摩擦盘，将回流线从外侧使用碳刷压到这个摩擦盘上，电流直接从轴承中心孔穿过，导入轮对流到钢轨上，如图 2-1-13 所示。这样就绕过了剧烈的相对运动，同时又实现导电的功能，这套装置为接地回流装置。

图 2-1-13　轴端接地装置工作原理

任务实施

题号	习题（填空题每空 10 分，选择题每题 10 分，判断题每题 10 分，简答题每题 10 分）	评分
1	________又称浪涌吸收器，并联在被保护电气设备与地之间。	
2	高速断路器是一种能对电路进行开关控制（分断、闭合）和_____的高压电器。	
3	牵引电机功能包括牵引功能和_______功能。	
4	接地回流装置主要的功能包括有效电流的转移、信号电流的转移、车辆的保护等。	
5	电客车牵引电机一般采用三相__________异步牵引电机。	
6	避雷器由聚合物复合壳体、法兰、________金属氧化物电阻及压力释放隔膜等部件组成。	
7	制动电阻器的功能是:	
8	ADD 自动降弓装置的功能是:	
9	紧急升弓操作步骤是:	
总成绩		

知识课堂

任务二　辅助供电电器认知

一、辅助供电系统的功能与组成

1. 辅助供电系统功能

辅助供电系统主要为列车用电设备提供中压 AC 380 V、AC 220 V 和低压 DC 110 V 电源，即为车辆上除牵引系统之外的所有车载用电设备供电。

2. 辅助供电系统设备组成

辅助供电电器设备主要包括辅助逆变器模块、蓄电池及蓄电池充电机等。AC 10 型电客车辅助系统配置如表 2-2-1 所示。

表 2-2-1　辅助系统配置

元器件名称	TC 车	MP 车	M 车	M 车	MP 车	TC 车
辅助高压母线	1 条辅助高压母线					
辅助逆变器			1	1		
中压母线	1					
蓄电池	1					1
蓄电池充电机	1					1
低压母线	一条低压永久母线、一条低压预备母线、一条低压负母线					
低压配电设备	1	1	1	1	1	1

基本参数：

高压：DC 1 500 V；

中压：AC 380 V/220 V；

低压：DC 110 V。

二、辅助供电系统的负载

辅助供电系统的负载类型较多，按照使用电能情况，可以将负载分为以下几类。

1. 交流负载

辅助逆变器通常采用三相四线制输出，为车辆提供交流电能，其负载包括三相负载和单相负载。

（1）三相负载：空气压缩机、空调压缩机、冷凝风机、空调通风机、PH/PA 箱外部冷却风扇、制动电阻风扇。

（2）单相负载：220 V 方便插座、客室正常照明。

2. 直流负载

蓄电池充电器与蓄电池组负责提供 110 V 直流供电，直流供电负载分为普通负载和紧急负载两类。

① 普通负载：司机室正常照明、乘客信息显示系统、雨刷、ATC/TCC、防滑、列车控制等。

② 紧急负载：紧急照明、紧急通风、头灯和尾灯、通信、车载无线电台、门控、TCC 有关单元。

列车启动时，先由蓄电池提供 DC 110 V 电能；当列车升起受电弓后，由蓄电池充电器提供列车 DC 110 V 电源，并对蓄电池组进行充电。

三、辅助逆变器

1. 辅助逆变器功能

辅助逆变器将网压转换成 AC 380 V、50 Hz 的三相交流电能输出，采用三相四线制，满足电客车 3 AC 380 V 和单相 AC 220 V 的交流负载，即空压机、空调装置、冷却设备、AC 220 V 电源插座等交流负载供电。

2. 辅助逆变器供电模式

辅助逆变器是辅助供电系统最主要的设备。辅助供电系统的设备配置应满足一定的条件，即辅助供电系统容量应满足列车正常运行状态下的辅助设备的用电需求，还应考虑有一定的冗余度，以便在故障状态下能保证列车的基本运行功能。

地铁列车辅助逆变器有集中式供电和分散式供电两种模式。

1）集中式供电

辅助逆变器集中式供电指的是每单元只配一台辅助逆变器的方案。4 动 2 拖 6 编组列车集中式辅助逆变器供电电路如图 2-2-1 所示。

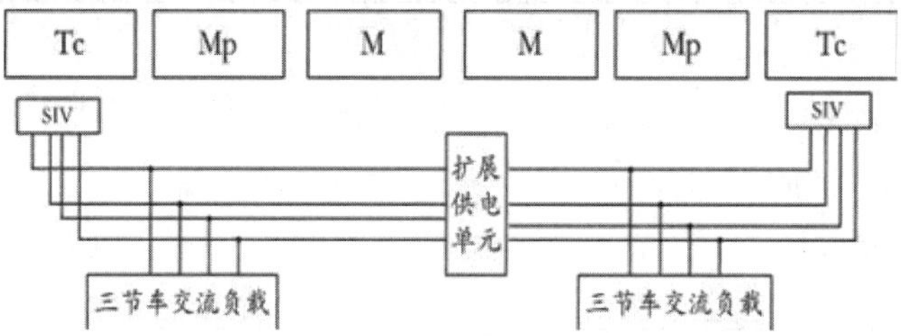

图 2-2-1　辅助逆变器集中式供电电路

正常情况下，辅助逆变器输出的电能不向其他单元供电，只有在某一台辅助逆变器故障的情况下，扩展供电单元工作，将其他单元辅助逆变器输出的交流电能引入本单元。

2）分散式供电

辅助逆变器分散式供电是指城市轨道交通车辆上每个单元布置超过一台辅助逆变器，4 动 2 拖 6 编组列车分散式辅助逆变器供电电路如图 2-2-2 所示，每节车配 1 台辅助逆变器。

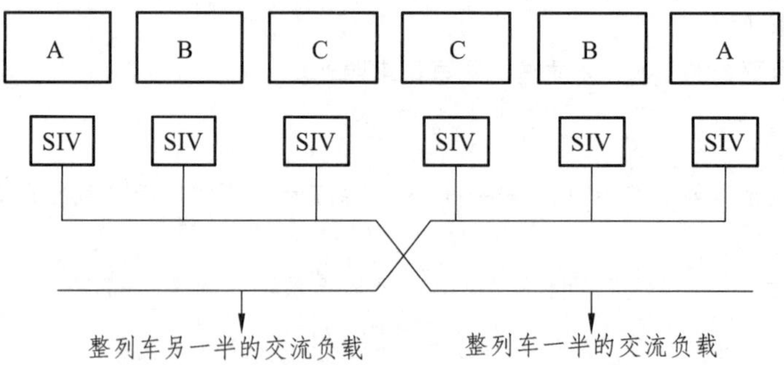

图 2-2-2　辅助逆变器分散式供电方框图

分散式供电主要采用两路交叉供电的方式：一个单元的所有辅助逆变器并联运行，为整列车一半的交流负载供电；另一个单元所有辅助逆变器也并联运行，为整列车另一半的交流负载供电。

以上两种供电方式各有优缺点：分散供电的冗余度大，容易实现轴重均衡配置，但造价较高，且总重量也会较大；而集中供电的冗余度小，每轴配重难以一致，但相对而言，总重较轻，成本较低。因此从冗余度与轴重均衡出发，一般采用分散式供电方案；若从成本考虑，则采用集中供电方案居多。

此外，辅助逆变器输入直流源类型有电压源和电流源两种，国内城市轨道交通车辆辅助逆变器主要采用电压源直流输入。

四、蓄电池

1. 蓄电池组成及安装

地铁列车使用的蓄电池有铅酸蓄电池和镉镍蓄电池。镉镍蓄电池组一般由 74～80 个蓄电池单体串联组成见图 2-2-3，每个单体电压 1.20～1.30 V，总电压在 77～137.5 V 为正常。

图 2-2-3　蓄电池组

蓄电池置于 Tc（A 车）车底架的蓄电池箱中，每列车配置 2 组蓄电池，如图 2-2-4 所示。

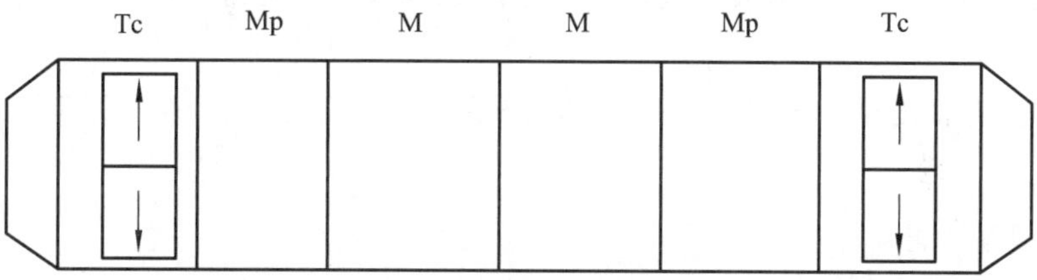

图 2-2-4　蓄电池组安装位置

蓄电池箱采用抽屉式结构，整个箱体分为上箱总成和下箱总成，如图 2-2-5 所示。上箱总成和下箱总成之间用滑动导轨相连接，打开蓄电池箱的锁止部件后，从列车两侧可以直接将蓄电池下箱拉出，进行蓄电池的维护、保养以及零部件更换。

图 2-2-5　蓄电池箱

2. 蓄电池功能及工作状态

蓄电池作为直流备用电源，在列车起动和紧急情况下（失去高压电源时）为列车提供DC 110 V 电能。列车正常运行时，蓄电池处于浮充电状态。

蓄电池供电的两种不同工况：

① 在两台充电机不工作的 6 节编组列车上，全车两组蓄电池可为紧急负载供电 45 min；在紧急供电 45 min 后，列车再重新起动 1 次（起动时间 5 min）。

② 在两台充电机不工作的 6 节编组列车上，关断所有负载（尾灯亮起），拔掉司机主控制器钥匙，60 h 后蓄电池保持适当的端压能启动所连接的系统。

因此，蓄电池的功能可以概括为列车唤醒时的永久供电和在不升弓情况下提供 45 min 低压电。

五、蓄电池充电机

1. 蓄电池充电机功能

蓄电池充电器是车辆的低压电源，它将输入电能转换成 DC 110 V，为控制电路、蓄电池等直流负载供电，其中以限压恒流的浮充电方式对蓄电池持续充电。

6 辆编组列车的两辆 Tc（A 车）车各设有一个蓄电池充电机，并联对 6 辆车供电。如果一个蓄电池充电机故障，将由另外一个蓄电池充电机给全部 6 辆车供电，连接 DC 110 V 列车线的接触器自动把它们连接在一起，此时充电机故障端的蓄电池不再使用，列车可不受限制地继续运行。

蓄电池充电机内部有一个紧急蓄电池用于紧急启动，通过按下充电机紧急启动按钮可激发此功能。

2. 蓄电池充电机类型

蓄电池充电器有独立式蓄电池充电器和非独立式蓄电池充电器两种。

1）独立式蓄电池充电器

独立式蓄电池充电器一般用于辅助逆变器分散式布置的城市轨道交通车辆上。输入端直接连接到接触网，不受辅助逆变器故障影响，且直流供电回路可靠。独立式蓄电池充电器供电框图如图 2-2-6 所示。

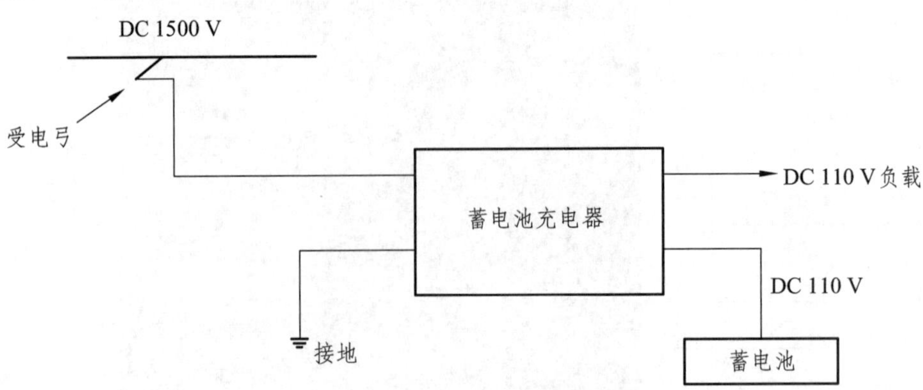

图 2-2-6　独立式蓄电池充电器供电框图

独立式蓄电池充电器内部结构如图 2-2-7 所示，包括输入滤波器、DC/DC 变换器、输出滤波器。

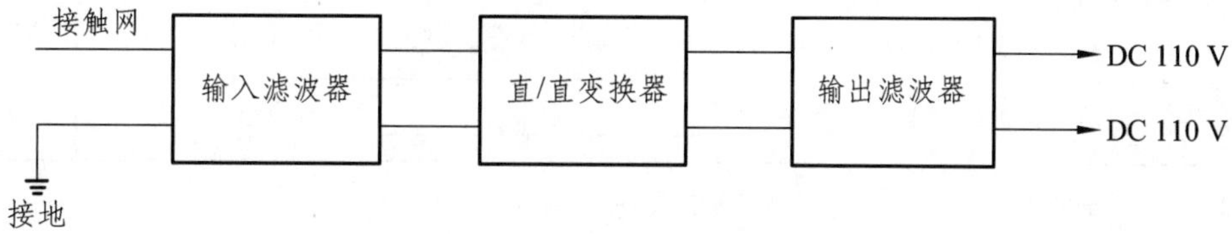

图 2-2-7　独立式蓄电池充电器基本结构

2）非独立式蓄电池充电器

非独立式蓄电池充电器输入端连接在辅助逆变器的输出端，供电电路框图如图 2-2-8 所示，用于辅助逆变器集中式供电的城市轨道交通列车上。非独立式蓄电池充电器体积小、紧凑、质量轻、维护简单、可靠性高，但其工作受辅助逆变器影响。

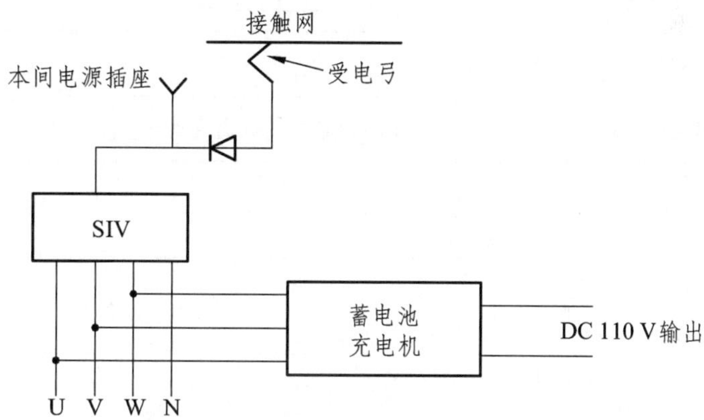

图 2-2-8　非独立式蓄电池充电器电路框图

非独立式蓄电池充电器内部结构有两种：一种由三相变压器、二极管整流电路及直流滤波电路构成，如图 2-2-9（a）所示；另一种由二极管整流电路、DC/DC 变换器及直流滤波电路构成，如图 2-2-9（b）所示。

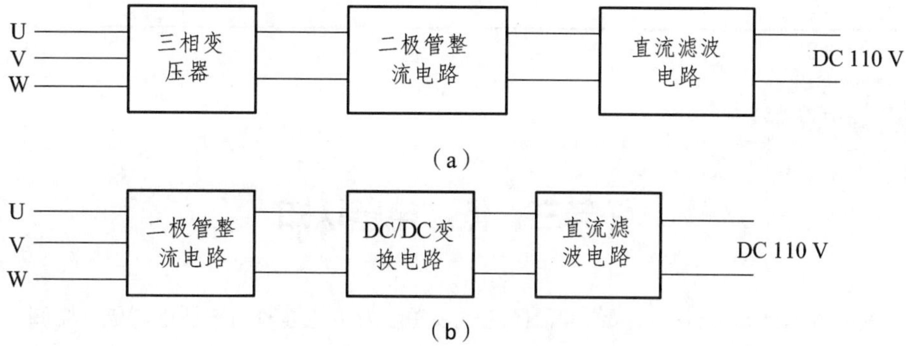

图 2-2-9　非独立式蓄电池充电器基本结构形式

任务实施

题号	习题（填空题每空 15 分，选择题每题 15 分，判断题每题 10 分）	评分
1	辅助供电系统的电能来源于____________和____________。	
2	低压电源由____________和____________组成。	
3	蓄电池欠压一般指的是蓄电池电压低于____________V。	
4	应急照明的供电电压为____________V。	
5	客室正常照明由____________供电。	
6	城轨交通车辆主蓄电池一般由多个单体蓄电池____________组成。	
7	受电弓升弓之后，车辆上的直流负载由____________供电。	
8	通风冷却装置属于辅助逆变器的____________负载。	
9	电客车在失去高压的情况下，由蓄电池给紧急负载提供供电____________min。	
10	蓄电池的作用是：	
11	蓄电池充电器按实现方式分为：	
12	辅助供电的高压、中压和低压分别是：	
13	辅助供电的交流负载：	
14	辅助供电的直流负载：	
总成绩		

知识课堂

任务三　低压电器认知

地铁电客车集成了多种可操作的低压电气设备。为了能够较为方便地驾驶、监测，在 Tc 车设置司机驾驶台；为了更为方便、集中地维护车辆上的电器设备，将低压电器设备集中安装到一个柜子中，这就是电气柜。

一、电气柜

6 辆编组列车电气柜具体分布情况如图 2-3-1 所示。

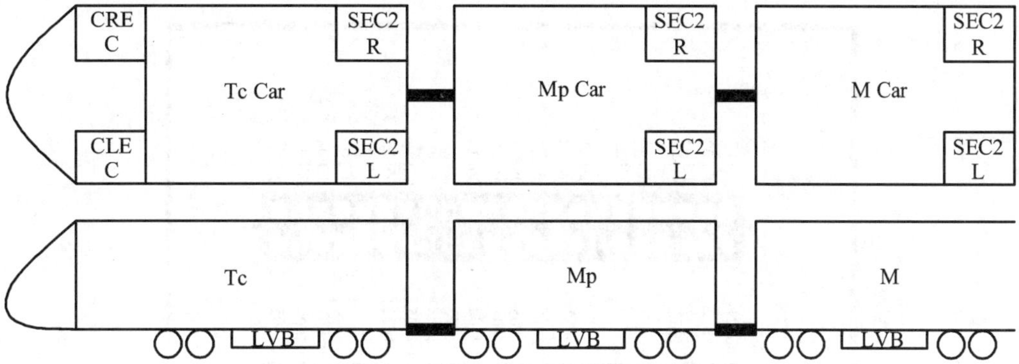

图 2-3-1　电气柜排布

1. Tc 车司机室电气柜

Tc 车在司机室配置了 2 个电气柜，即 CREC 和 CLEC，这两个电气柜装有不同功能的设备模块。

1）CREC

CREC 是司机室右侧电气柜，简称隔墙柜，主要安装有 PIS 主机、网络系统中央控制单元、继电器、接触器、微型断路器及部分开关/按钮。相对于其他电气柜而言，CREC 更多地涉及司机操作，如列车唤醒、旁路等功能。

2）CLEC

CLEC 是司机室左侧电气柜，简称 ATC 柜，主要安装有车载 ATC 设备，还安装有 MVB 维护接口及制动维护接口。

2. 客室电气柜

与拖车司机室 CREC、CLEC 这两个电气柜不同，其他所有安装在客室相同位置的电气柜都具有类似的功能。

1）SEC2R

客室所有的 SEC2R 电气柜均位于客室二位端右侧，如图 2-3-1 所示。

Tc 车 SEC2R 柜中装有客室空调控制盘；Mp2 车的 SEC2R 中安装有用于应急升弓的脚踏泵装置；Mp1 车的 SEC2L 中安装有辅助压缩机。

2）SEC2L

客室所有的 SEC2L 电气柜均位于客室二位端左侧，如图 2-3-1 所示。

SEC2L 柜中主要装有网络的节点设备，如交换机、中继器等；此外，TCMS 系统的数字量/模拟量输入输出模块也安装在此电气柜中。

3. 车下低压柜

LVB 是车下低压柜，此柜中集成了车下低压电气。从功能上讲，此电气柜是车辆供电的枢纽，其承担了将辅助系统输出的 AC 380 V 以及 DC 110 V 电分配给车辆各个电气柜的功能。

4. 电气柜操作元件的布置与功能

1）Tc 车 CREC 电气柜操作元件的布置与功能

Tc 车 CREC 电气柜操作元件的布置如图 2-3-2 所示。

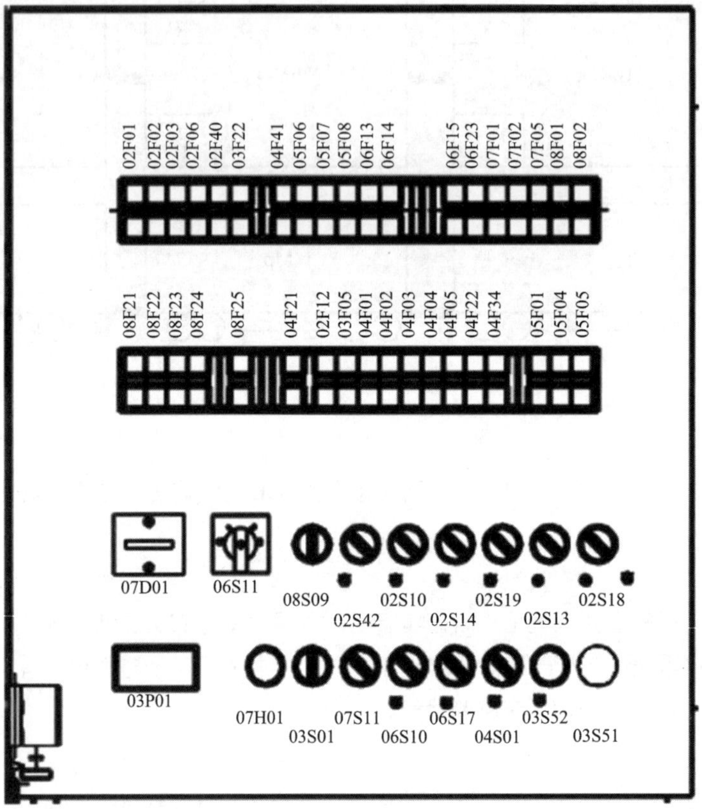

图 2-3-2　Tc 车司机室 CREC 电气柜设备

CREC 电气柜操作设备代号及功能如表 2-3-1 所示。

表 2-3-1　CREC 电气柜操作设备代号及功能

设备代码	描　述	元件类型
02F01	司机室启动	微型断路器（MCB）
02F02	受电弓指令	微型断路器（MCB）
02F06	环路电源	微型断路器（MCB）
02S42	单一司机室旁路开关	转换开关
03F05	列车总控	微型断路器（MCB）
03F22	蓄电池充电器（DC/DC 变换器）	微型断路器（MCB）
03P01	蓄电池电压	电压表
03S01	列车总控	转换开关
03S51	蓄电池充电器启动	按钮
03S52	车钩监控旁路	按钮

（1）微型断路器功能。

① 微型断路器 02F01 是保护列车司机室启动回路和列车牵引/制动指令回路。

② 微型断路器 02F02 是保护受电弓指令控制回路。

③ 微型断路器 02F06 是保护制动控制环路。

④ 微型断路器 03F035 用于保护列车激活的永久列车线。

（2）单一司机室旁路开关 02S42。

单一司机室旁路开关 02S42 有“分”与“合”两个工作位置，如图 2-3-3 所示，此开关用于关闭激活的司机室。第二个司机必须在第二个司机室内打开此开关启动第二个司机室。

注意：只可以在车间内或者车辆段调车时使用此开关。在这种情况下，两个司机室都必须有人操作，且只有当列车没有激活司机室时才打开此开关置于“合”位（正常工作位置在“分”位）。

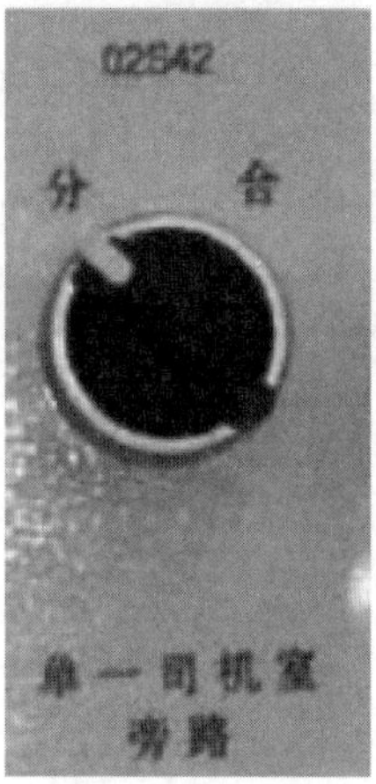

图 2-3-3　单一司机室旁路开关 02S42

（3）列车总控开关 03S01。

列车总控开关 03S01 是黑色转换开关，有“合”“0”“分”3 个位置，如图 2-3-4 所示，是自复位开关，用于接通或关闭整列车的蓄电池电源。“合”则列车激活，“分”则列车休眠。

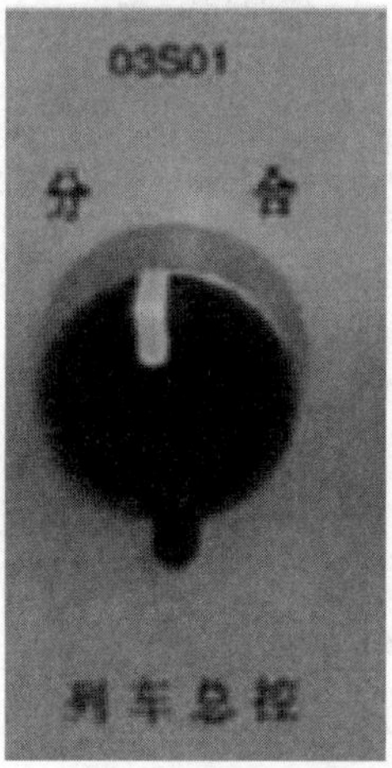

图 2-3-4　列车总控开关 03S01

（4）蓄电池充电器启动按钮 03S51。

蓄电池充电器启动按钮 03S51 是黄色指示灯按钮如图 2-3-5 所示。此按钮在蓄电池欠压时用于紧急升弓启动蓄电池充电器。

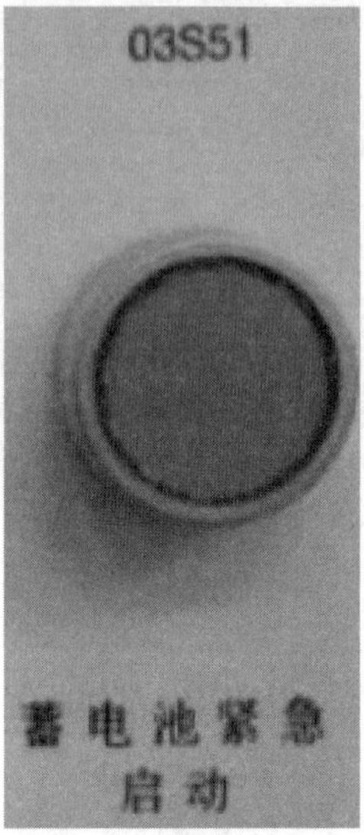

图 2-3-5　蓄电池充电器启动按钮 03S51

（5）车钩监控旁路开关 02S52。

正线运行若丢失 6 车编组列车的标识，也无法检测到 3 车单元标识（车钩上各自的连接出现错误）导致列车紧急制动停车时，需要重新起动列车，且须同时操作此按钮和 03S01“列车总控”按钮进行列车激活。车钩监控旁路开关 02S52 如图 2-3-6 所示。

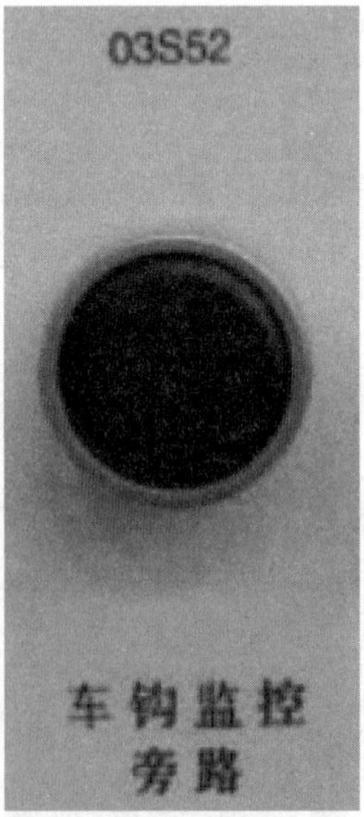

图 2-3-6　车钩监控旁路开关 02S52

2）Mp 车 SEC2R

Mp 车 SEC2R 电气柜均位于客室二位端右侧，如图 2-3-7 所示。

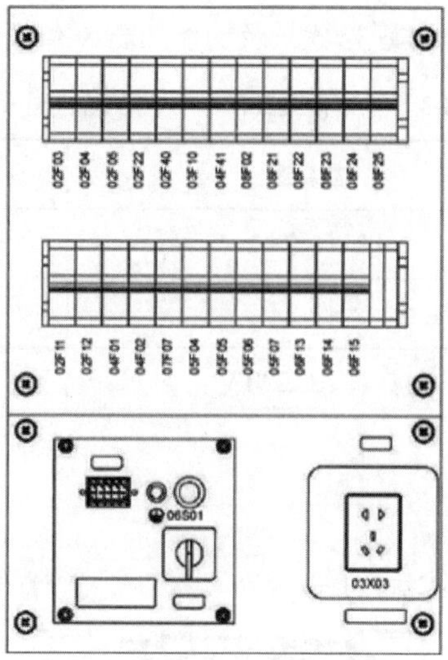

图 2-3-7　Mp 车 SEC2R 电气柜

MP 车 SEC2R 电气柜部分操作设备代号及功能如表 2-3-2 所示。

表 2-3-2　Mp 车 SEC2R 电气柜设备代号及功能

设备代码	描　述	元件类型
02F03	受电弓控制	微型断路器（MCB）
02F04	B-车高速断路器	微型断路器（MCB）
02F05	C-车高速断路器	微型断路器（MCB）
02S40	PH 箱电路保护	微型断路器（MCB）

3）M 车 SEC2R

M 车 SEC2R 电气柜均位于客室二位端右侧，如图 2-3-8 所示。

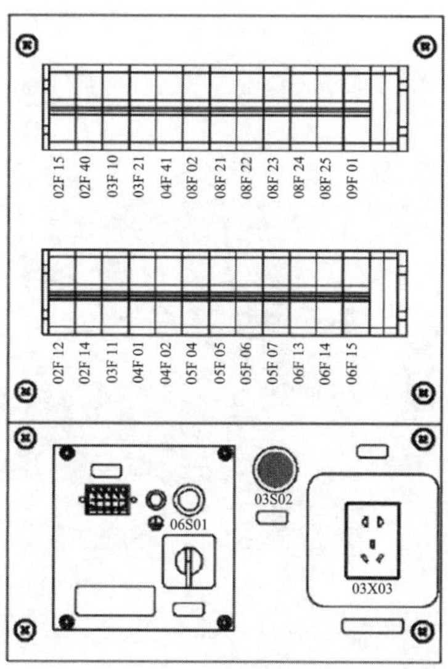

图 2-3-8　M 车 SEC2R 电气柜

M 车 SEC2R 电气柜部分操作设备代号及功能如表 2-3-3 所示。

表 2-3-3　M 车 SEC2R 电气柜设备代号及功能

设备代码	描　述	元件类型
09F01	车钩监视	微型断路器（MCB）
03S02	解钩确认	指示灯按钮
03X03	负载 AC 220 V	电源插座

二、司机操纵台

司机室电气设备配置如图 2-3-9 所示。

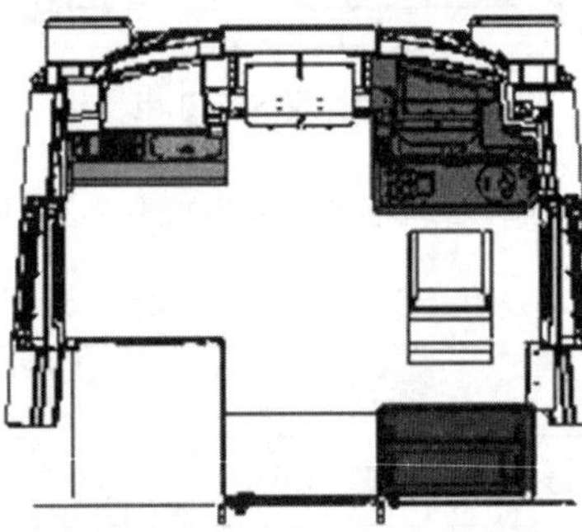

1—主司机台；2—副司机台；3—CREC；4—CLEC。

图 2-3-9　司机室电气设备配置

1. 主司机台电气操作设备布置

主司机台电气操作设备布置如图 2-3-10 所示。

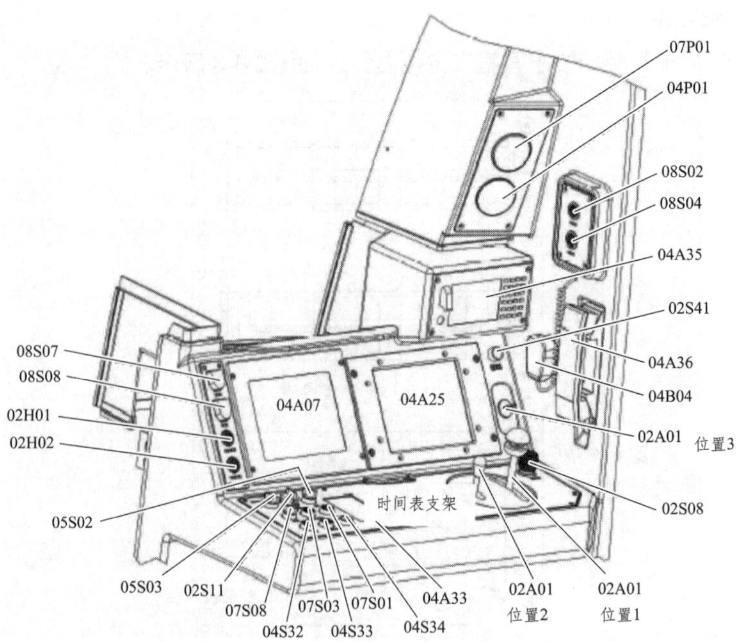

图 2-3-10　主司机台电气操作设备配置

2. 主司机台电气设备功能及操作

主司机台电气操作设备代号及功能如表 2-3-4 所示。

表 2-3-4　主司机台电气操作设备代号及功能

设备代码	描　述	元件类型
02 A01	主控器（主控器手柄、方式方向手柄、主控器钥匙开关）	手柄钥匙开关
02H01	气制动施加	指示灯
02H02	气制动缓解	指示灯
02S08	紧急（制动）停车	叩击按钮
02S11	慢行	选择开关，2 位
02S41	警惕按钮	按钮
04 A07	信号屏（DMI）	彩色显示器
04 A25	车辆屏（HMI）	彩色显示器
04 A33	乘客信息系统（PIS）	控制面板
04 A35	无线电台控制板	控制面板
04S32	ATO 运行	指示灯按钮
04S33	ATO 运行	指示灯按钮
04S34	ATO 运行	指示灯按钮
05S02	头灯（暗/亮）	转换开关
05S03	司机室灯（合/分）	转换开关
07S01	汽笛	黑色按钮
07S03	挡风玻璃加热开关	指示灯按钮
07S08	挡风玻璃刮雨器控制开关	转换开关
08S07	左门开	指示灯按钮
08S08	左门关	指示灯按钮
08S02	右门开	指示灯按钮
08S04	右门关	指示灯按钮
04 A36	广播电话听筒	手持设备
04B04	乘客信息系统（PIS）用麦克风	麦克风
04P01	速度计	仪表
07P01	压力计	仪表

1）司机控制器 02 A01

司机控制器由主控制器和钥匙开关构成，如图 2-3-11 所示。主控制器有主控制手柄、换向手柄两种可操作机构。

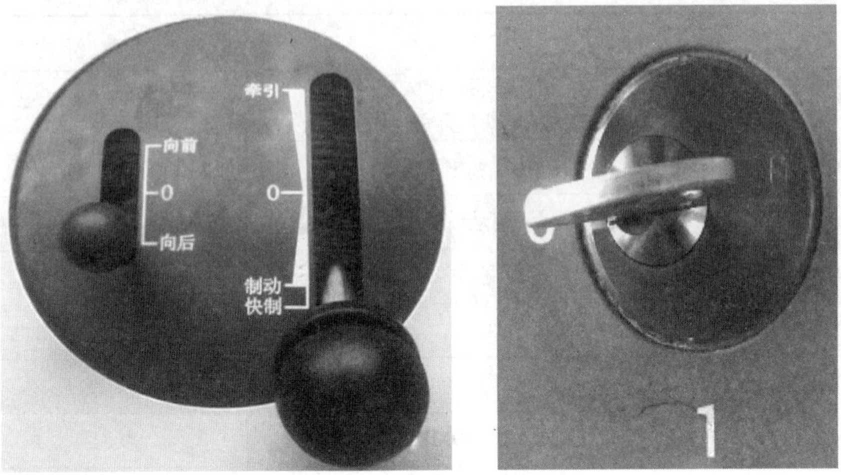

图 2-3-11　司机控制器

（1）主控制手柄。

主控制手柄用于人工驾驶列车，分为牵引、零位、制动、快制四个挡位。具体操作说明如下：

① 在 ATO 控制驾驶模式下，主手柄保持在“0”位置，当主手柄离开“0”位时，ATO 模式立即中断；

② 在 ATO 控制驾驶模式下，紧急情况下司机可以将司机控制器主手柄拉向快速制动位，以摆脱 ATO 的牵引或制动指令，列车进入快速制动状态；

③ 当列车实施快速制动时，主手柄离开“快速制动”位，快速制动解除；

④ 司机控制器主手柄配备“警惕按钮”，警惕功能会被 ATO 模式旁路。

（2）方向手柄。

方向手柄分为向前、零位、向后三个挡位。具体操作说明如下：

① 方向手柄安装在主控制手柄左侧，方向手柄和主控制手柄之间设有机械联锁，以防止当方向手柄不在“向前”或“向后”位时，移动司机控制器的主控制手柄；

② 当方向手柄在“向前”位时，ATO 功能才能实现；

③ 若列车正在运行，方向手柄不允许拉至“0”位或者“向后”位，否则列车将施加紧急制动。

（3）钥匙开关。

钥匙开关只有两个位置，0 位和 1 位。操作钥匙开关到“1”位时司机室被激活，得电确定其为操作司机室，操作司机室所有电路得电，该司机室获得全部控制功能。钥匙开关需满足以下条件方可拔出：

① 主控制手柄在“0”位；

② 方向手柄在“0”位；

③ 钥匙在“0”位。

钥匙取出后，手柄不能移动，当主控制手柄和方向手柄在“0”位，司机控制器手柄被钥匙锁住，钥匙起着控制联锁开关的作用。

（4）司机控制器工作原理。

司机控制器主要是通过手柄的位置传递电信号给主控计算机 VCU，VCU 再将指令发送给相应的功能控制计算机（DCU、EBCU 等）、DCU 控制牵引逆变器，列车电气设备牵引电动机、制动电阻器做出相应的工况转换（牵引、惰行、电制动及换向等）。

司机控制器主要功能的实现是由凸轮和速动开关的相互配合实现的，如图 2-3-12 所示。

图 2-3-12　凸轮和速动开关

钥匙开关控制三对速动开关 S01、S02、S03，警惕按钮速动开关为 S00。换向手柄通过凸轮控制 5 对速动开关 S10、S11、S12、S13、S14、S15，主控制手柄通过凸轮控制 7 对速动开关 S20、S21、S22、S23、S24、S25、S26，如图 2-3-13 所示。

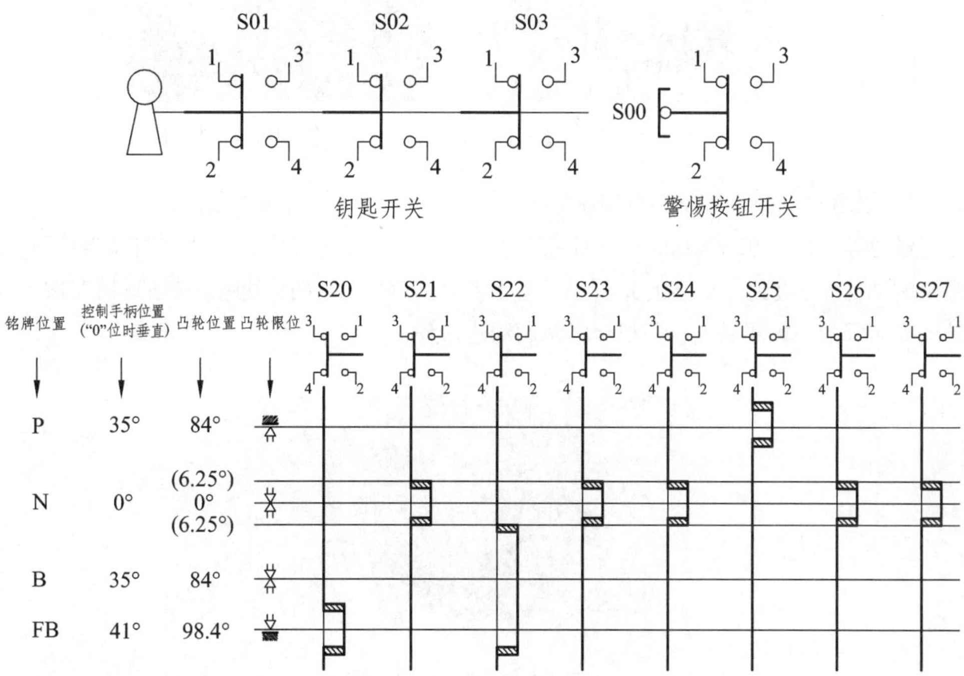

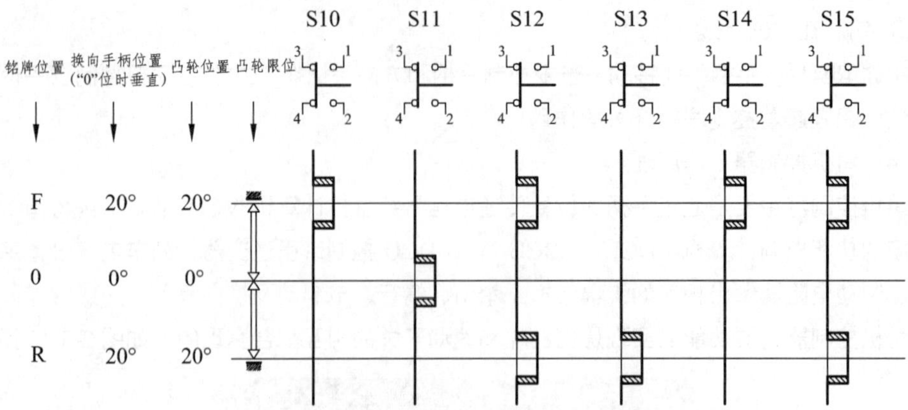

图 2-3-13　司机控制器闭合表

2）“空气制动施加”按钮 02H01 和“空气制动缓解”按钮 02H02

“空气制动施加”按钮 02H01 和“空气制动缓解”按钮 02H02 如图 2-3-14 所示。

“空气制动施加”按钮 02H01 是红色指示灯按钮，指示在所有的电空（EP）制动时制动缸中都有制动压力。

“空气制动缓解”按钮 02H02 是绿色指示灯按钮，指示在所有的电空制动时制动缸中均没有制动压力。

当司机台解锁或 ATC 激活时指示灯有效。

图 2-3-14　“空气制动施加”按钮和“空气制动缓解”按钮

3）紧急停车按钮 02S08 和 02S07

紧急停车按钮 02S08/02S07 为红色叩击按钮，如图 2-3-15 所示。操作时叩击按钮，启动紧急制动程序（直到列车停止），受电弓落下并且所有的 HSCB 切断。按钮保持在按下位置。转动即可释放。如果锁闭，司机台紧急制动也起作用。

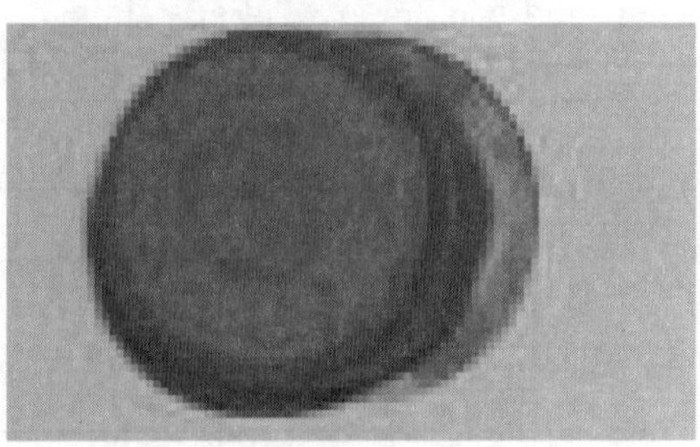

图 2-3-15　紧急停车按钮

4）警惕备用按钮 02S41

警惕备用按钮 02S41（图 2-3-17）仅在集成于主控器手柄上的警惕按钮开关失效时， 才能使用此警惕备用按钮。松开警惕备用按钮 5 s（由供应商预调整）后，会导致紧急制动施加。如果在时间间隔内再次按下警惕开关，制动将不会发生。

图 2-3-17　警惕备用按钮

5）车辆屏（HMI）04 A25

车辆屏（HMI）04 A25 显示屏由四部分构成。

① 屏幕上边显示总体数据，如所显示屏名称、日期和时间;

② 屏幕下边设有触摸按钮，操作者利用它们能够激活屏幕核心功能，如切换下一页屏幕。

③ 屏幕右边设有触摸按钮，操作者利用它们能够激活选择的核心功能的下级功能。

④ 屏幕左侧，占据屏幕大部分的是主显示区域，其由带事件名称和事件类别的事件信息构成。

各种屏幕显示窗口能显示在显示区域。

在驾驶模式下可利用屏显示如下：主菜单屏、运行屏、纵览屏、事件列表屏、事件信息屏和启动联锁屏。

6）麦克风 04B04、“PA”按钮、“C-C”按钮

04B04 为播音用麦克风，与黄色“PA”按钮、蓝色“C-C”按钮配合功能不同，如图 2-3-18 所示。

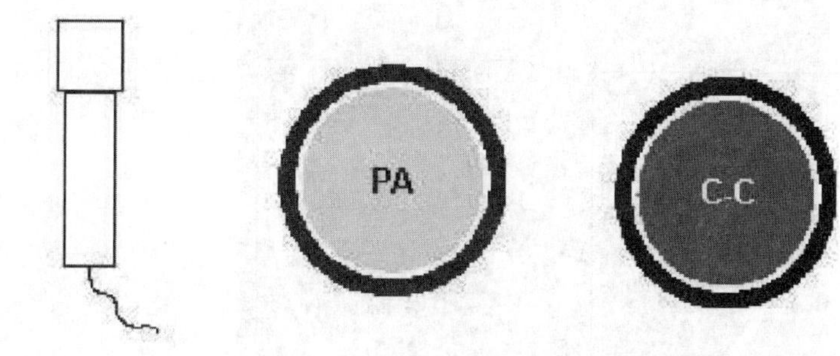

图 2-3-18　麦克风 04B04、“PA”按钮、“C-C”按钮

按下黄色“PA”按钮，手持麦克风并且操作麦克风 PTT 按钮，对客室播音。此时，司

机室的扬声器关闭，只有在司机台解锁后，此功能才有效。

按下蓝色“C-C”按钮，手持麦克风并且操作麦克风 PTT 按钮，对其他司机室播音。此功能不要求司机台解锁。

两列车联挂时，紧急情况下可对第二列车的司机室进行播音。此时，播音司机室的监听扬声器关闭。

7）双针压力表 07P01

双针压力表 07P01 用来指示总风管（MRE）压力和制动缸压力。红色指针表示制动缸压力，黄色指针指示主风管压力，如图 2-3-20 所示。

图 2-3-20　双针压力表 07P01

8）速度计 04P01

速度计 04P01 指示目标速度、最大速度、实际速度、超速标志、列车运行方向及轮径状态等，如图 2-3-21 所示。

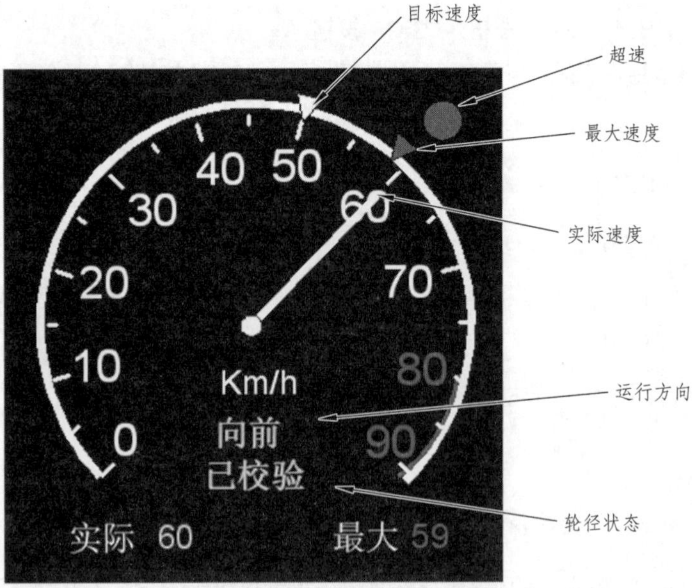

图 2-3-21　速度计 04P01

3. 副司机台电气设备功能及操作

副司机台电气设备布置如图 2-3-22 所示，副司机台操作电气元件不是司机正线驾驶时所必需的，因此所有的操作和控制单元都合理布置且易于司机接近。例如：“升受电弓”按钮 02S01 和“降受电弓”按钮 02S02、“合高速断路器”按钮 02S04、“分高速断路器”按钮 02S03 及特殊情况下应用的元件，(“紧急制动”按钮 02S07)。

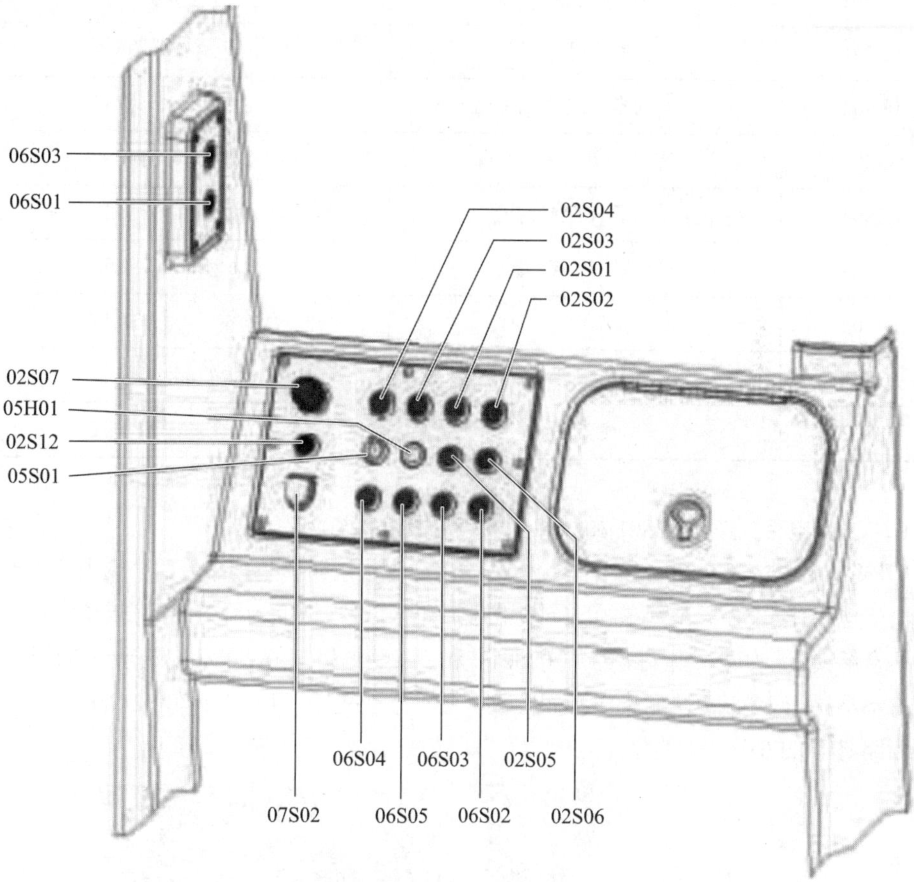

图 2-3-22　副司机台电气设备

副司机台电气操作设备代号及功能如表 2-3-5 所示。

表 2-3-5　副司机台电气操作设备代号及功能

设备代码	描述	元件类型
02S01	升受电弓	绿色指示灯按钮
02S02	降受电弓	红色指示灯按钮
02S03	HSCB 断开	红色指示灯按钮
02S04	HSCB 接通	绿色指示灯按钮
02S05	停放制动缓解	绿色指示灯按钮
02S06	停放制动施加	红色指示灯按钮

续表

设备代码	描述	元件类型
02S07	紧急制动（停车）	叩击按钮
02S12	试灯测试	黑色按钮
05H01	客室照明指示灯	白色指示灯
05S01	客室照明开/关	旋转开关
06S02	所有列车空调单元关闭	红色指示灯按钮
06S03	所有列车空调单元打开	绿色指示灯按钮
06S04	司机室 HVAC 打开	绿色指示灯按钮
06S05	司机室 HVAC 关闭	红色指示灯按钮
07S02	解钩	白色指示灯按钮，覆盖
08S01	左门开	红色指示灯按钮
08S02	左门关	绿色指示灯按钮

1）“升受电弓”按钮 02S01 和“降受电弓”按钮 02S02

“升受电弓”按钮 02S01 如图 2-3-23 所示，操作该按钮使整列车的两个受电弓或半列车的一个受电弓升起。如果整列车的所有受电弓都升起，则按钮上的检查确认指示灯亮（绿色）。当司机台解锁后，如果“升受电弓”（02S01）和“降受电弓”（02S02）未显示检查确认指示，即两灯都不亮，则说明受电弓处于不同位置，或可能是受电弓通过 Mp 车 SEC2R 电气柜里的微型断路器（02F03）被切除。

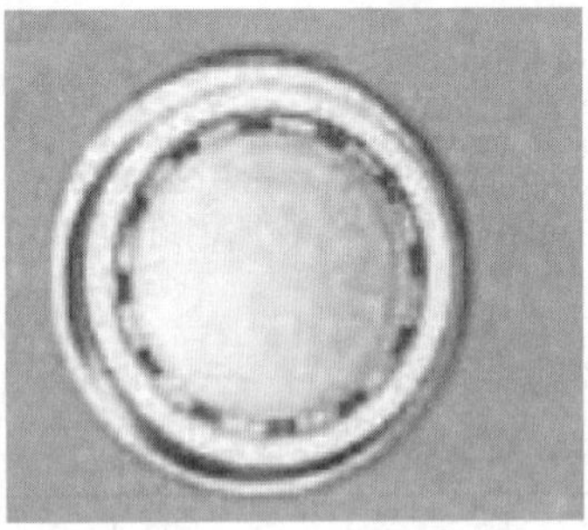

（a）“升受电弓”按钮 02S01

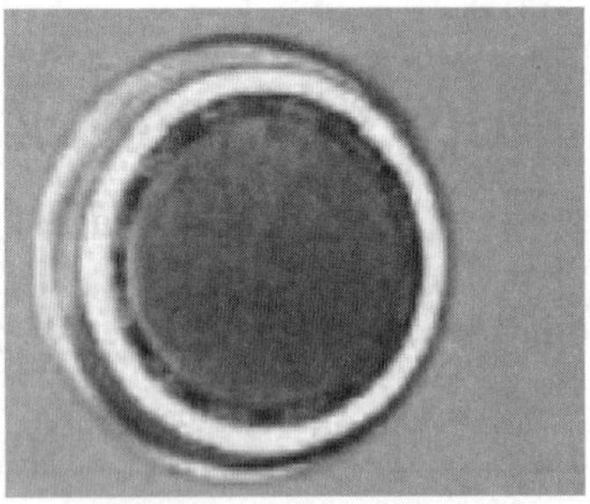

（b）“降受电弓”按钮 02S02

图 2-3-23 “升受电弓”按钮 02S01 和“降受电弓”按钮 02S02

“降受电弓”按钮 02S02 如图 2-3-23（b）所示，操作该按钮使整列车的两个受电弓或半列车的一个受电弓落下。如果整列车的所有受电弓都落下，则按钮亮（红色）。当司机台解锁后，如果“升受电弓”（02S01）和“降受电弓”（02S02）未显示检查确认指示，即两灯都不亮，则说明受电弓处于不同位置，或可能是受电弓通过 Mp 车 SEC2R 电气柜里的微型断路器（02F03）被切除。

2）“HSCB 分断”按钮 02S03 和“HSCB 接通”按钮 02S04

“HSCB 分断”按钮 02S03 如图 2-3-24 所示，操作此开关立即分断所有的 HSCB。按钮上的检查确认指示灯指示整列车的所有 HSCB 或半列车的 2 个 HSCB 分断。在降受电弓时，相应的 HSCB 自动分断。当司机台锁闭时（02 A01-S01 置于“0”位）HSCB 仍保持接通，直到断开蓄电池，HSCB 才断开。

“HSCB 接通”按钮 02S04 如图 2-3-24 所示，操作此开关立即接通所有的 HSCB。按钮上的检查确认指示灯指示整列车的所有 HSCB 或半列车的 2 个 HSCB 接通。如果没有该指示，说明 HSCB 处于不同的控制状态，或者可能是 HSCB 通过微型断路器被局部分断（Mp1 车是 02F04；Mp2 车是 02F05）。当相应的受电弓升起且驱动控制使 HSCB 有效时，相关 HSCB 才被接通。

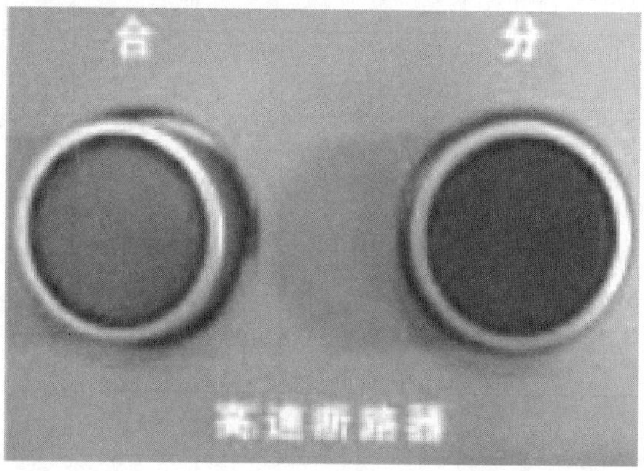

图 2-3-24　“HSCB 分断”按钮 02S03 和“HSCB 接通”按钮 02S04

任务实施

根据庞巴迪 AC10 型列车电气设备配置，完成下列表格内容。

题号	习题（填空题每空 10 分，选择题每题 10 分，判断题每题 10 分）			得分
Tc（A）车设备代码		元件名称	功能描述	
1	02F01		司机室激活启动	
2	02F02			
3	02F06			
4	02S42		—	
5	03F05			
6	03P01		实时显示蓄电池电压	
7	03S01	列车总控		
8	03S51			
9	03S52			

续表

Mp（B）车设备代码		元件名称	功能描述	
10	02F03			
11	02F04			
12	02F05			
13	02F40		—	
M（C）车设备代码		元件名称	功能描述	
14	09F01			
司机驾驶台设备代码		元件名称	功能描述	
15		司机控制器钥匙开关		
16		司机控制器警惕按钮		
17	02S07			
18	02S08			
19		升弓按钮		
20		降弓按钮		
21	02S03			
22	02S04			
总成绩				

项目三　牵引系统认知

项目描述

本项目主要介绍 AC10 列车牵引系统。

牵引系统是城市轨道交通车辆的核心部件，是列车动力的来源，根据需要为列车提供牵引力和制动力，完成列车的牵引和制动。牵引系统在“牵引”模式下，把接触网提供的电能转换成牵引电机使用的电能给牵引电机，牵引电机作为电动机工作，将电能转换成机械能，来实现列车的牵引功能；在“制动”模式下，牵引电机充当发电机，机械制动能量转换成电能，重新反馈给电网，供给其他列车或者通过制动电阻消耗掉，实现列车的制动功能。本项目共三项学习任务，即“牵引系统配置”“牵引系统主电路”和“牵引控制单元工作原理”。

关键知识点：高压供电电路构成、隔离与接地、环状供电电路、预充电电路、线路滤波电路、牵引制动电路。

关键技能点：车辆牵引主回路电路图阅读及故障识别。

学习目标

1. 能正确根据车辆牵引主回路电路图描述车辆高压系统电路结构；
2. 能正确根据车辆牵引主回路电路图分析牵引系统的工作原理。

知识课堂

任务一　牵引系统配置

AC10 型电动列车主回路由高压供电部分与牵引部分组成，采用的是庞巴迪公司设计的高压牵引系统。由受电弓接受接触网 DC 1 500 V 高压电，通过牵引逆变器模块进行逆变为三相高压电，给 AC10 型电动列车牵引电机进行供电。其主电路由网侧高压电路、直流侧电路（DC-link 电路）、制动/过压斩波电路、逆变电路和牵引电机等组成。所有的电气设备分散布置在全列车的车底或车顶上。

一、列车主回路组成

1. 牵引系统总览及模块图

牵引系统包含位于 B 车车顶的受电弓、避雷器、位于 B 车 PH 箱、制动电阻箱、位于 A 车的 PA 箱、制动电阻箱等。

每个牵引电路对应设置有一个高速断路器（HSCB），为电磁式接触器，在直流高压电路发生短路或其他严重故障的情况下打开并保护牵引电路。此外，高速断路器还能通过 DX 组合件（MVB）和硬接线在主变流器控制中打开。HSCB 的开关可以通过驾驶台上的合闸和分闸按钮实现，每个 HSCB 的状态由驾驶台上的状态指示灯指示。系统总览及模块如图 3-1-1 所示。

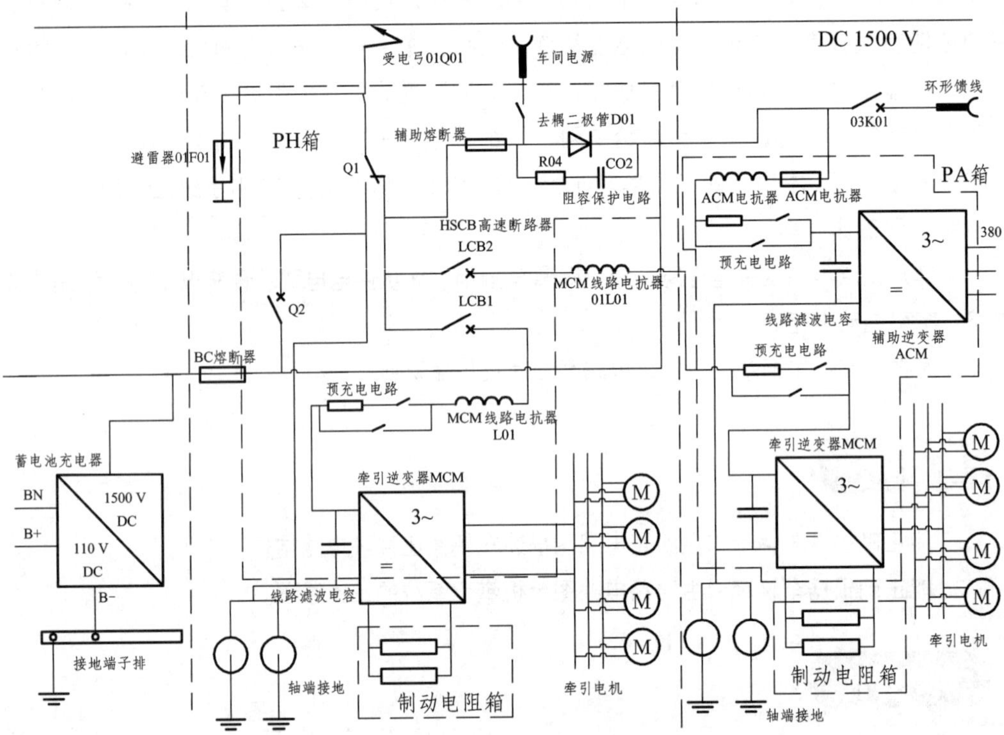

图 3-1-1　牵引系统总览及模块图

2. 高压受流与分配

高压受流及分配系统主要包括受电弓、避雷器和 PH 箱（牵引高压箱）等。受电弓采集接触网上的 DC 1 500 V 电压后，通过 PH 箱实现高压电分配，主要分为三路，如图 3-1-2 所示。

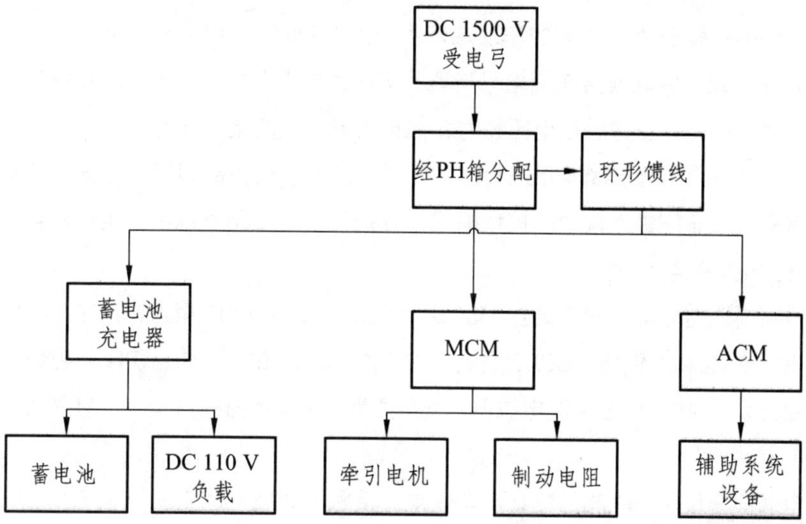

图 3-1-2　高压受流与分配图

3. 高压供电电路的构成

列车高压供电电路以 3 辆车为一个动力单元构成，两个牵引动力单元的高压供电电路彼此是独立的，即本单元的受电弓只向本单元高压设备供电，若本单元高压供电电路故障，则该牵引动力单元将失去牵引动力。全列车以 1/2 动力运行。

高压供电电路由受电弓 01Q01、浪涌吸收器（避雷器）01F01 及位于 PH 箱内的线路断路器 LCB1 和 LCB2（即高速断路器，HSCB）、平波电抗器、隔离与接地开关、预充电电路组成，如图 3-1-3 所示。

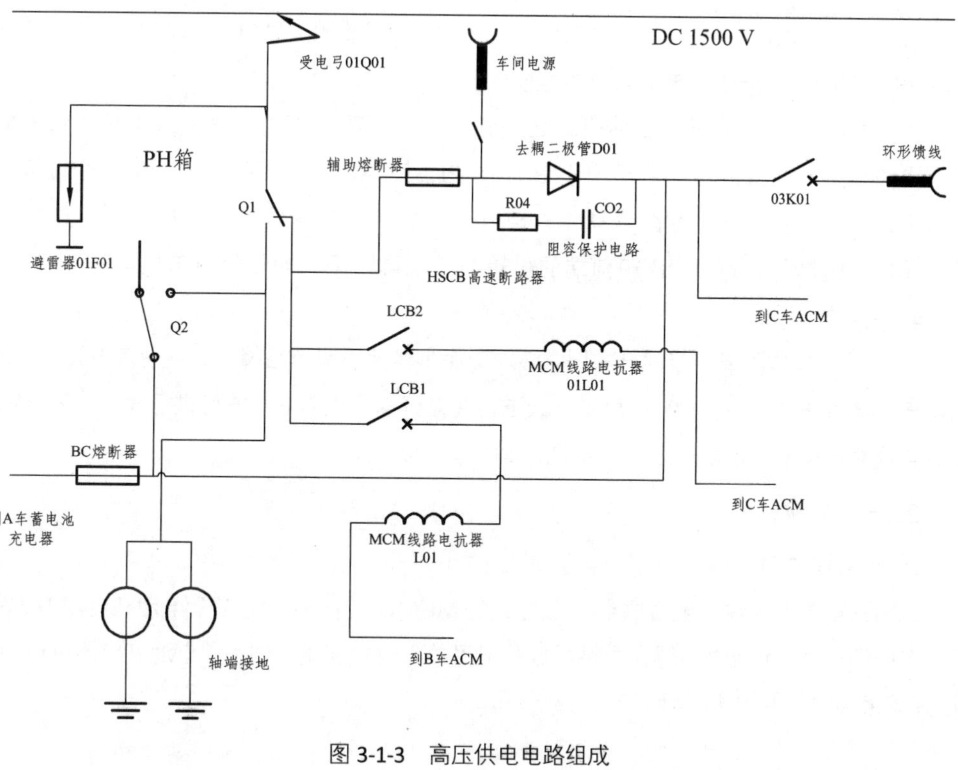

图 3-1-3　高压供电电路组成

受电弓分别安装在两节 B 车的车顶端，用于将 1 500 V 直流电从电网引入列车。避雷器也安装在 B 车车顶，并联连接在受电弓与地（车顶金属壳）之间，用于防止雷击过电压或者操作过电压对主电路设备造成过电压损害，保护主电系统的电气设备。

位于 PH 箱内的隔离与接地开关 Q1、Q2 提供供电模式转换和接地保护，它有 3 种工作模式：正常模式、车间供电模式和接地模式，分别实现主电路系统由受电弓供电、由车间电源供电或使主电路系统接地。

两台线路断路器（即高速断路器 HSCB）均位于 B 车的 PH 箱内，其中 LCB1 负责向本车电机逆变器（MCM）供电，LCB2 负责向 C 车的 MCM 供电。位于 PH 箱内部的 L01 和位于车底独立安装的 01L01 是平波电抗器，分别负责向 PH 箱内的 B 车 MCM 和 C 车 PA 箱内的 MCM 供电。

车间电源插座位于 PH 箱外侧，与车间电源接触器组成车间电源供电电路。03K01 为环状供电接触器。当本单元供电系统发生故障时，通过环状供电电路由另一单元向本单元辅助逆变器提供 1500 V 直流电，驱动本单元 ACM。二极管 D01 的作用是，当本单元高压供电故障时，由另一单元通过环状供电向本单元提供辅助系统供电，此时 D01 截止，防止环状供电向本单元主电路供电，避免供电过载。电阻 R04 和电容 C02 组成阻容保护电路，保护二极管 D01，避免因 D01 两端电压上升速率过快而损坏二极管。

二、高压部分供电模式

1. 隔离与接地开关

高压供电可以以三种不同的模式工作：正常模式（接触网供电）、车间供电模式（通过 PH 箱处的车间电源插座供电）以及接地模式。

隔离与接地开关用于在三种模式之间进行切换，实现不同工作模式下高压供电的选择。隔离与接地开关的两个手柄位于 B 车的 PH 箱中，每个开关的手柄有两个位置，而这两个开关机械安装在一起配合动作，相当于一个带有 3 个位置的转换开关，具备 3 种工作模式。检修时，打开 PH 箱前端的小箱盖，就可以手动操作隔离与接地开关的手柄，进行转换操作。

注意：① 操作隔离与接地开关时，必须确保车辆处于受电弓降下，且没有与其他辅助电源与车间电源输入端相连接，并用电压表进行测量确保无电压后，方可进行操作。② 必须将隔离与接地开关置于接地位后，方可进行 PH 箱检修作业。

2. 三种工作模式

1）正常模式

三辆列车单元通过受电弓供电。它给 2 个 MCM、1 个 ACM、1 个电池充电器 BC 和邻近列车的环式馈路供电，使得在中性段或受电弓故障时能够给 ACM 和电池充电器供电。Q1、Q2 开关组合方式见图 3-1-4 所示。

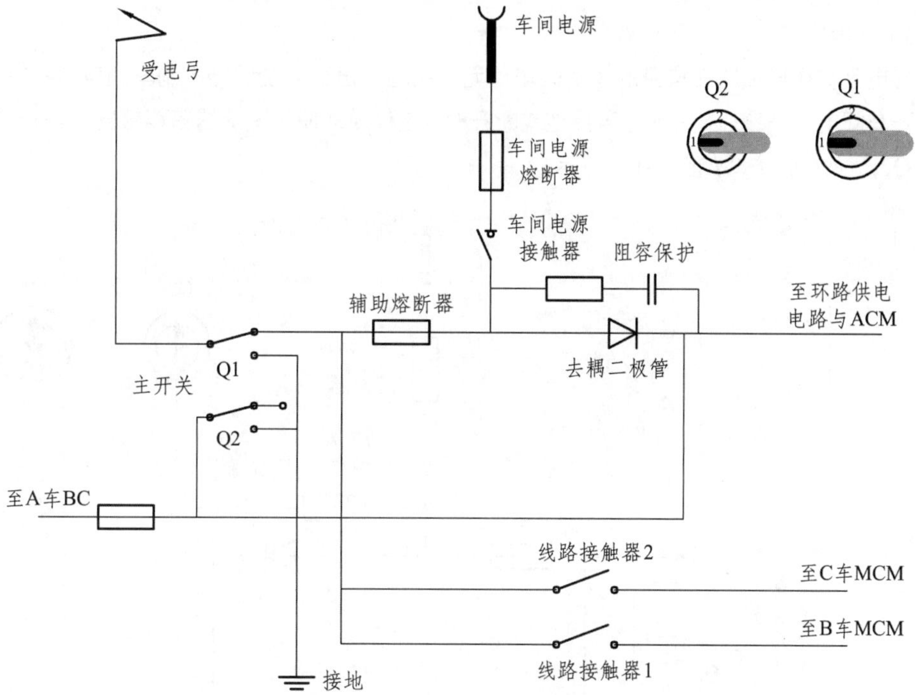

图 3-1-4　正常模式高压供电

2）车间电源模式

ACM、电池充电器和环形馈路，而非 MCM，通过 PH 箱高压箱右侧的车间电源插座获得电源。通过安全回路使得受电弓可靠地降下并打开主断路器。Q1、Q2 开关组合方式如图 3-1-5 所示。

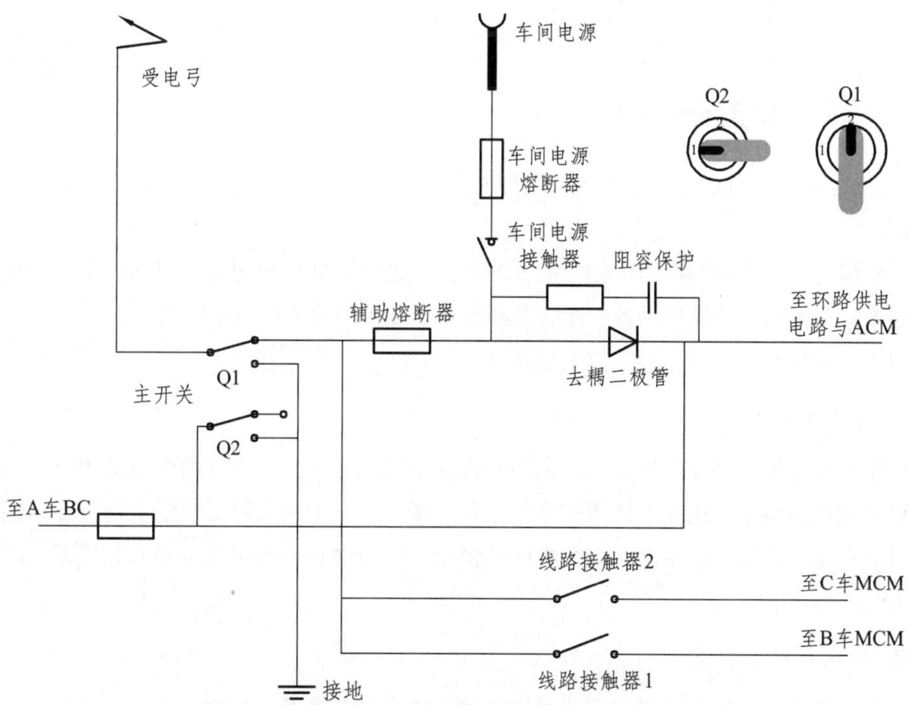

图 3-1-5　车间电源模式高压供电

3）接地模式

受电弓和环形馈路在自身的 3 辆列车单元中接地，通过安全回路控制车间电源接触器用来断开车间电源插座。当所有电源接地或断开时，这种模式使得变流器箱能够安全进行维护，Q1、Q2 开关组合方式如图 3-1-6 所示。

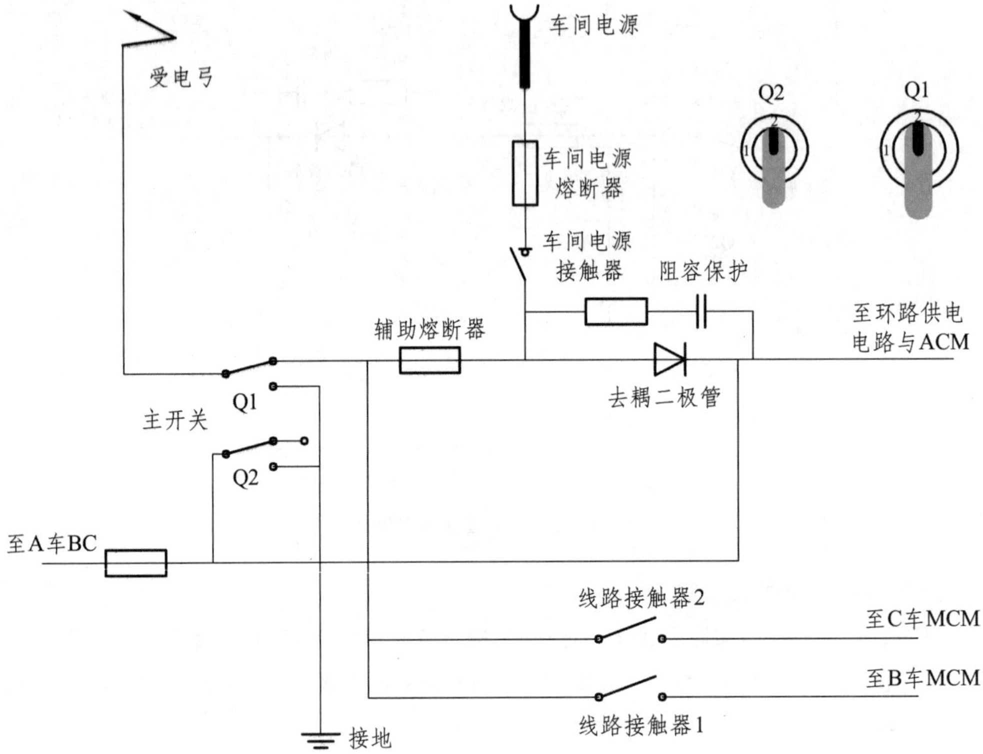

图 3-1-6　接地模式

三、高压供电环形馈线

AC10 型列车 1 500 V 高压供电电压有 3 个不同来源，即受电弓、车间供电插座和环状供电电路。

环状供电电路连接列车两个相邻的 3 车单元。通过环状供电电路，可从一个 3 车单元的受电弓或者车间供电插座向另外一个 3 车单元的 ACM 和蓄电池充电器供电。

以下三种情况需要使用环状供电电路。

1. 处于无电区

如果一台受电弓处于无电区，可由另一台处于有电区的受电弓向两个 3 车单元的 ACM 和蓄电池充电器供电。电路中使用一个二极管（图 3-1-4 中的去耦二极管）防止环状供电电路通过处于无电区的受电弓向无电区接触网供电，同时防止环状供电电路向处于无电区单元中的 MCM 供电。

2. 受电弓产生故障

如果一台受电弓发生故障，环状供电电路工作方式与在无电区中的工作方式相同。这时列车保持 50%的牵引力，但通过环状供电电路保持向全部辅助电源和蓄电池充电器供电，使空调、照明及风源系统都能正常工作。

3. 车间供电模式

车间供电模式下，只需把车间供电插头连接到一个 3 车单元上，通过环状供电电路向相邻单元的 ACM 和蓄电池充电器供电。通过上述的去耦二极管，防止向受电弓和处于无电状态的车间供电插座供电。

任务实施

题号	习题（填空题每空 10 分，选择题每题 10 分，判断题每题 10 分）	评分
1	在图中填写设备名称 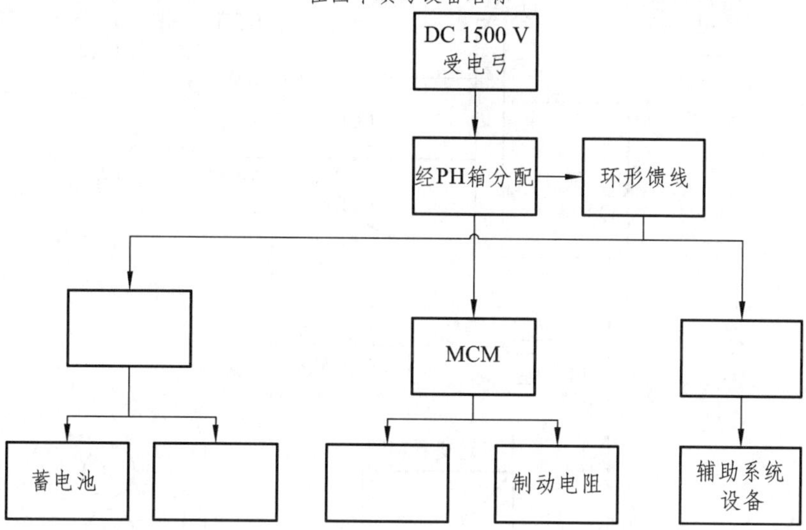 	
2	高压供电电路由 01Q01（名称是_________）、01F01（名称是_________）及位于 PH 箱内的 LCB（名称是_________）、平波电抗器、隔离与接地开关、预充电电路组成。	
3	隔离与接地开关有 3 种工作模式：正常模式、车间供电模式和______模式。	
4	判断题：如果一台受电弓处于无电区，可由另一台处于有电区的受电弓向两个 3 车单元的 MCM 和蓄电池充电器供电。 对□　　　　错□	
	总成绩	

知识课堂

任务二　牵引系统主电路

一、牵引系统主回路原理

1. 主回路电路图（见图 3-2-1）

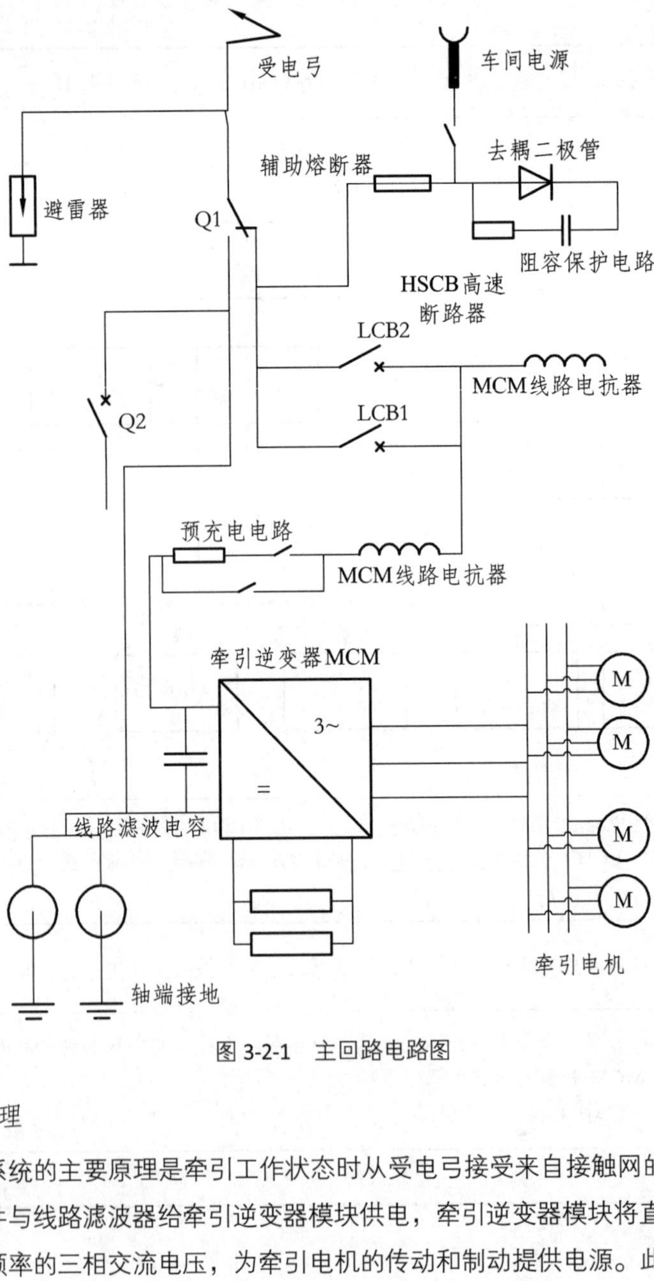

图 3-2-1　主回路电路图

2. 牵引原理

列车牵引系统的主要原理是牵引工作状态时从受电弓接受来自接触网的 DC 1 500 V 电压通过高压元件与线路滤波器给牵引逆变器模块供电，牵引逆变器模块将直流电压转换为可变电压幅值和频率的三相交流电压，为牵引电机的传动和制动提供电源。此时电机将电能转化为车辆传动和制动的机械能。在制动过程中，电源通过逆变器反向，能量反馈到接触网上或者在制动电阻中消散。在任何时间，电机都应被提供以足够的电压和频率来产生所需的力矩，力矩通过联轴器和齿轮传输到车轮上。

牵引主回路的电路由网侧电路、预充电电路、直流滤波电路、制动斩波电路、三相桥式逆变器电路、放电电路和检测电路组成。

二、主电路各部分工作原理

1. 网侧电路

网侧电路靠近电网侧，主要由受流装置、避雷器、高速断路器、熔断器和主隔离开关等组成。网侧电路的作用主要是供电、隔离及主回路故障保护。网侧电路结构如图 3-2-2 所示。

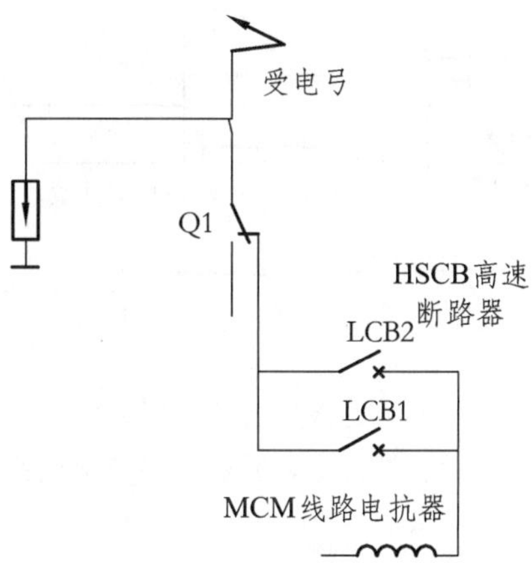

图 3-2-2　网侧电路

2. 预充电电路

主回路接通瞬间滤波电容（DC-link 电容）受到较大的电流冲击，而电容两端的电压不能突变，否则会是电容损坏，故使用预充电电路来限制，即限制主回路接通时滤波电容的充电电流。预充电电路主要由线路接触器 K02、预充电接触器 K01、预充电电阻 R01 和滤波电容组成，如图 3-2-3 所示。

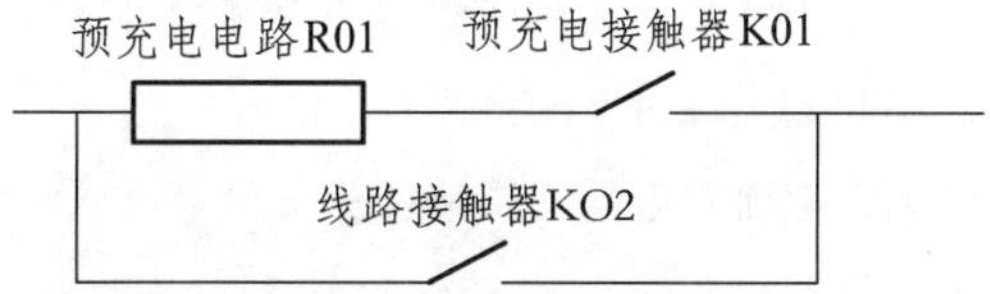

图 3-2-3　预充电电路

预充电电路的工作过程主要分成两个阶段:

① 主回路接通时，MCM 控制计算机（DCU/M）从车辆控制计算机 VCU 接收到充电指令，线路接触器 K02 断开，预充电接触 K01 闭合，预充电电阻 R01 接入回路，电网通过预

充电电阻 R01 给滤波电容充电。由于预充电电阻的分流作用，滤波电容的充电电流较小，滤波电容两端电压缓慢上升。

② 当滤波电容两端电压上升到接近电网电压时，线路接触器 K02 闭合，预充电接触器 K01 断开，电网直接给滤波电容充电，电容电压快速达到工作电压，并保持恒定。预充电完成，再启动电机逆变器。

预充电电路具有过温保护功能，充电电阻温度的计算和监控根据周围环境、连接时间和相关电压确定。

预充电电路的工作顺序如图 3-2-4 所示。

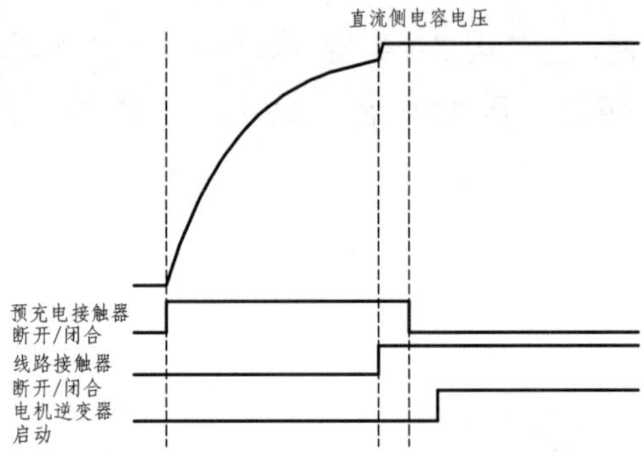

图 3-2-4　预充电电路工作过程

3. 直流滤波电路

直流滤波电路主要由滤波电抗器和滤波电容器组成，位于牵引主回路逆变电路的直流输入端。滤波电抗器串入牵引主回路，滤波电容并联于逆变电路输入端。直流滤波电路的结构形式如图 3-2-5 所示。

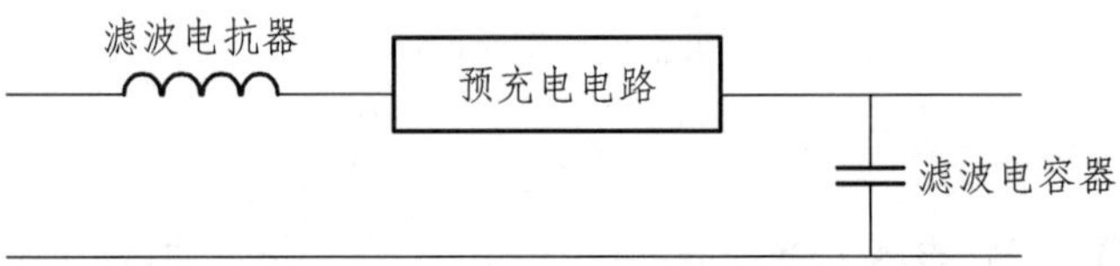

图 3-2-5 直流滤波电路的结构形式

直流滤波电路在牵引主回路中主要有以下几点作用：

① 与滤波电容构成滤波器，对逆变器的直流侧双向滤波；

② 抑制电网侧发生的过电压，减少其对逆变器的影响；

③ 抑制逆变器因换流引起的尖峰过电压；

④ 抑制逆变器产生的谐波电流对电网的影响；

⑤ 限制逆变器的故障电流。

4. 制动斩波电路

MCM 中有两个组合的制动/过压斩波器。斩波器位于 MCM 外部，连接到制动/过压电阻器。组合的制动和过压斩波器通常用于直流系统，由两个相同的相组成一种过电压抑制电路。当牵引主回路直流环节电压过高时，通过控制导通制动斩波器，将电能消耗在制动电阻上，从而达到限制直流环节电压的目的；电制动时，电机能量储存在滤波电容上，若电网不能吸收制动能量，将制动斩波器导通，让滤波电容对制动电阻放电，从而限制了滤波电容电压。制动电流的大小由制动斩波器的占空比决定，调节制动斩波器的占空比可调节制动电流的大小。

电阻制动电路的作用主要有以下两点：

一是进行电阻制动。电阻制动时，吸收不能再生的制动电能量。

二是过电压保护。当直流输入端出现过电压时，斩波器导通，滤波电容经过制动斩波器对制动电阻放电，将直流输入端电压限制在一定的范围内。

电阻制动电路主要由制动斩波器和制动电阻组成，结构形式如图 3-2-6 所示。

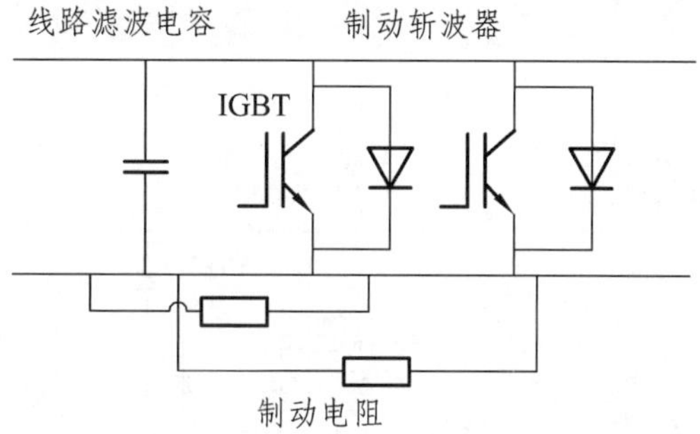

图 3-2-6　电阻制动电路结构图

当滤波电容出现高压时，图中 IGBT 将导通。续流二极管与制动电阻反向并联，主要用来保证在斩波器开通或关断瞬间不至于造成电流突然中断而引起直流回路过压。

5. 三相桥式逆变器电路

三相逆变电路一般采用电压型三相桥式逆变电路，如图 3-2-7 所示，它由 6 个 IGBT 元件反向并联 6 个二极管组成，交流电能由逆变电路每个半桥的中点输出。

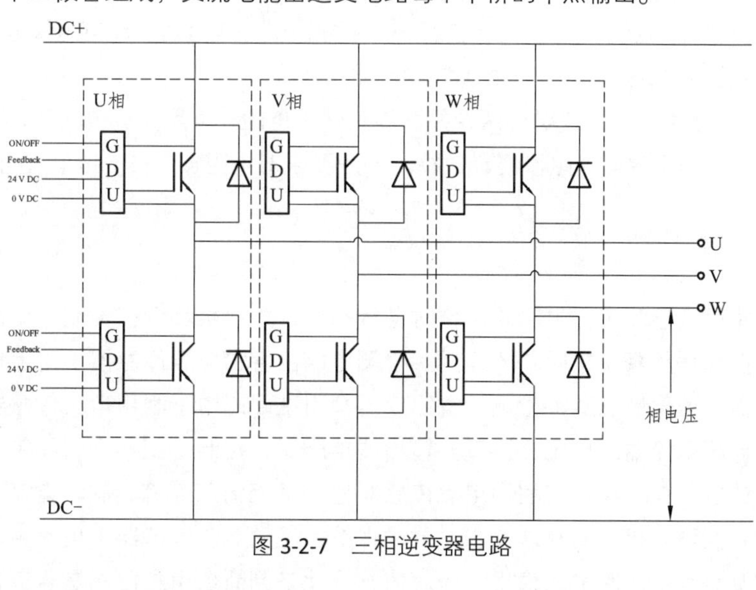

图 3-2-7　三相逆变器电路

三相逆变器控制牵引电机的速度和转矩。它将直流环节电压转换为对称的、具有可变的振幅和频率的三相电源。三个相同的相桥臂组成了三相逆变器。

VVVF 逆变器的控制由高功率晶体管模块 IGBT 的通断来完成，门极驱动单元（Gate Drive Unit，GDU），根据牵引控制单元（Drive Control Unit，DCU）的指令驱动控制大功率 IGBT 晶体管门极的开通与关断。

三相逆变器工作状态：牵引时，三相桥式逆变电路工作在逆变状态，将直流电能逆变成三相交流电能输出；电制动时，三相桥式逆变电路工作在整流状态，将交流电能整流成直流。

6. 放电电路

放电电路用于主回路在非工作状态时，操作主回路设备，避免残留的电荷造成触电危险而设置的快速释放滤波电容中残留电荷的电路。不同的车辆的放电电路结构形式有所不同，如图 3-2-8 所示。

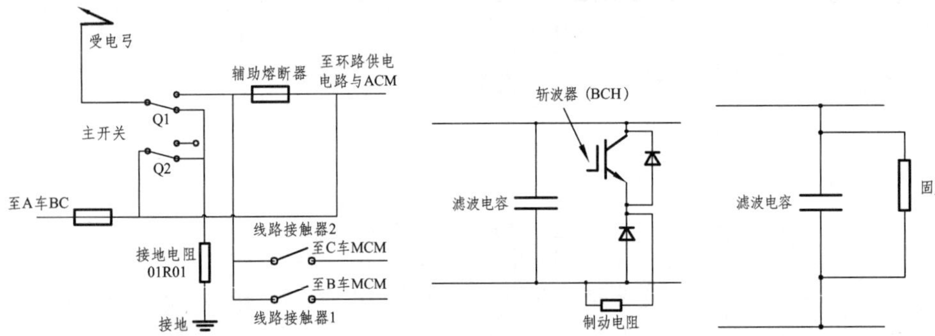

（a）“接地”放电电阻　　（2）制动电阻　　（3）固定电阻

图 3-2-8　放电电路结构形式

图 3-2-8（a）中，Q1 与 Q2 为隔离接地开关。在隔离接地开关置于“接地”位时，放电电路接通。滤波电容中的残留电荷通过放电电阻 01R01 快速释放掉。

图 3-2-8（b）中，制动电阻充当放电电阻。当牵引逆变器停止工作后，为了保证人身安全，在牵引控制单元的控制下，制动斩波器 BCH 导通，滤波电容对制动电阻快速放电。AC10 型电客车就采用图 3-2-8（a）、（b）的放电电路结构形式。

图 3-2-8（c）中，在滤波电容两端并联固定保护电阻，也具有放电功能，滤波电容中储存的电荷会对固定放电电阻慢慢释放掉，一般要求对电阻放电 5 min 内电压降到 50 V 以下。

7. 检测电路

检测电路用来检测牵引主回路工作时各状态量，为主机和牵引控制单元提供控制信号，实现监控和保护牵引主回路的作用。检测电路由各种电压传感器、电流传感器、差动电流传感器、速度传感器等检测装置组成。牵引主回路中，利用电压传感器检测电网电压、逆变电路直流输入电压、逆变器输出线电压等，控制逆变器牵引和制动工作，同时实现电路过压和欠压保护；利用电流传感器检测直流输入电流、制动电流、逆变器输出相电流等，实现电机控制及过流、过载的保护；差动电流传感器（电流平衡继电器）主要用来检测牵引主回路输入输出电流差值，依此来判断牵引主回路是否存在接地故障等。网压继电器如图 3-2-9 所示。

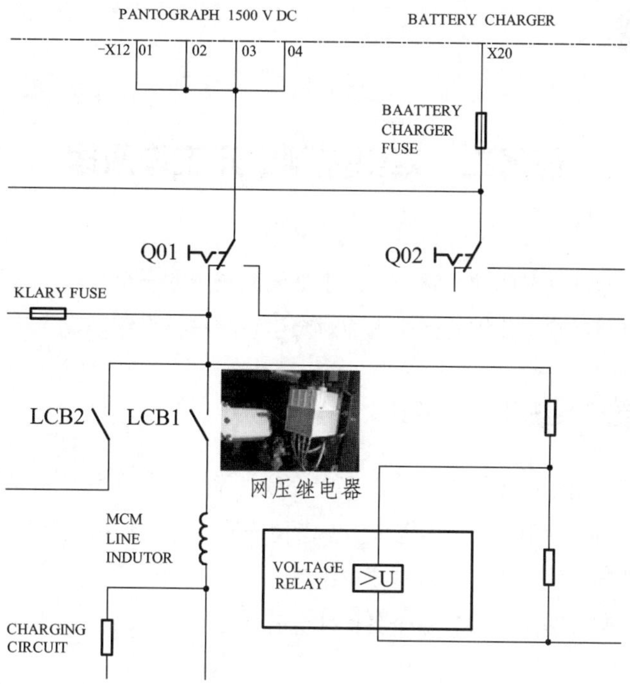

图 3-2-9　网压继电器

任务实施

题号	习题（填空题每空 10 分，选择题每题 10 分，判断题每题 10 分）	评分
1	交流传动车辆在进行牵引时，三相桥式逆变器工作在（　　）状态。 A. 整流　B. 逆变　C. 斩波	
2	AC10 型交流传动主回路中逆变模块采用的半导体开关元件是（　　）。 A. SCR　B. GTR　C. IGBT	
3	牵引主回路中预充电电路的作用是（　　）。 A. 滤除直流电能中的交流谐波；　B. 释放滤波电容中的剩余电荷 C. 限制滤波电容的充电电流	
4	牵引系统能完成的功能不包括（　　）。 A. 牵引　B. 电制动　C. 停放制动	
5	判断题：制动电阻不能充当放电电阻。 对□　错□	
6	直流滤波电路在牵引主回路中主要作用有：	
7	网侧电路靠近电网侧，主要由_______、避雷器、高速断路器、熔断器和主隔离开关等组成。	
8	电制动时，牵引逆变器工作在（　　）状态。 A. 逆变　B. 整流　C. 斩波	
9	牵引系统中依靠（　　）以限制至输入滤波器的冲击电流。 A. 预充电电路　B. 线路滤波电路　C. 斩波回路	
总成绩		

知识课堂

任务三　牵引控制单元工作原理

牵引系统作为地铁列车的动力系统，是既重要又复杂的一个系统。本任务将从牵引控制系统工作条件和牵引系统工作模式两个方面对牵引系统进行介绍。

一、牵引控制系统工作的条件

牵引系统的控制由牵引控制单元（DCU）完成。牵引控制单元综合车辆各设备的状态，比较设定条件，来判定牵引与否；根据牵引参考值来判定进行牵引或制动、计算所需牵引力/制动力的大小，从而控制牵引逆变器按要求工作。

牵引控制系统至少要满足以下三个条件才会开始工作：

① 确定牵引方向；

② 牵引控制单元接收到牵引授权指令；

③ 牵引控制单元收到牵引参考值。

1. 牵引方向

牵引方向由主控制器的方向手柄给出。在列车静止状态，必须操作方向手柄确定列车的运行方向。如果在列车运行过程中改变方向手柄的位置，牵引控制单元将会封锁牵引授权指令。

2. 牵引授权指令

牵引授权指令由列车启动联锁控制电路给出，只要列车启动所需的条件都满足，则向牵引控制单元给出牵引授权指令。列车启动所需的条件主要有以下几点。

① 所有客室车门关好；

② 疏散门关好；

③ 主风缸压力不低于列车启动所需的最小值；

④ 紧急制动已缓解；

⑤ 所有气制动和停放制动已缓解。

3. 牵引参考值

牵引参考值由主控制手柄或 ATO 设备给出。

手动驾驶时，由主控制手柄给出牵引参考值。主控制手柄在不同的位置给出不同的模拟电流信号，此模拟信号代表所需牵引/制动力的大小，再经过 PWM 编码器转换成 PWM 信号后给牵引控制单元，牵引控制单元依据此 PWM 信号控制逆变器。

自动驾驶时，牵引参考值由 ATO 设备给出。

二、牵引系统工作框图

列车控制与监测系统（TCMS），用来监测控制列车上重要设备的工作状况。

VCU（车辆控制单元）与 ATO 主机、主控手柄、DCU 之间通过 MVB 总线进行通信，从 ATO 主机获得牵引及制动指令，向牵引控制单元（DCU）发送控制指令。

DCU 收到指令后通过门极驱动单元（GDU）对 IGBT 进行开通和关闭切换，使牵引逆变器根据需要输出变频变压的三相交流电；DCU 同时控制线路接触器、预充电接触器、制动斩波器工作状态等，控制列车的牵引与制动状态，控制再生制动向电阻制动的转换以及控制制动电流的大小等。DCU 还负责监测牵引电机的转速，用于闭环控制牵引电机。

PWM 编码器与 DCU 之间通过 PWM 硬线连接。PWM 硬线用于紧急牵引时向牵引控制单元和制动微机控制单元传输 PWM 脉冲信号。

牵引系统工作框图如图 3-3-1 所示。

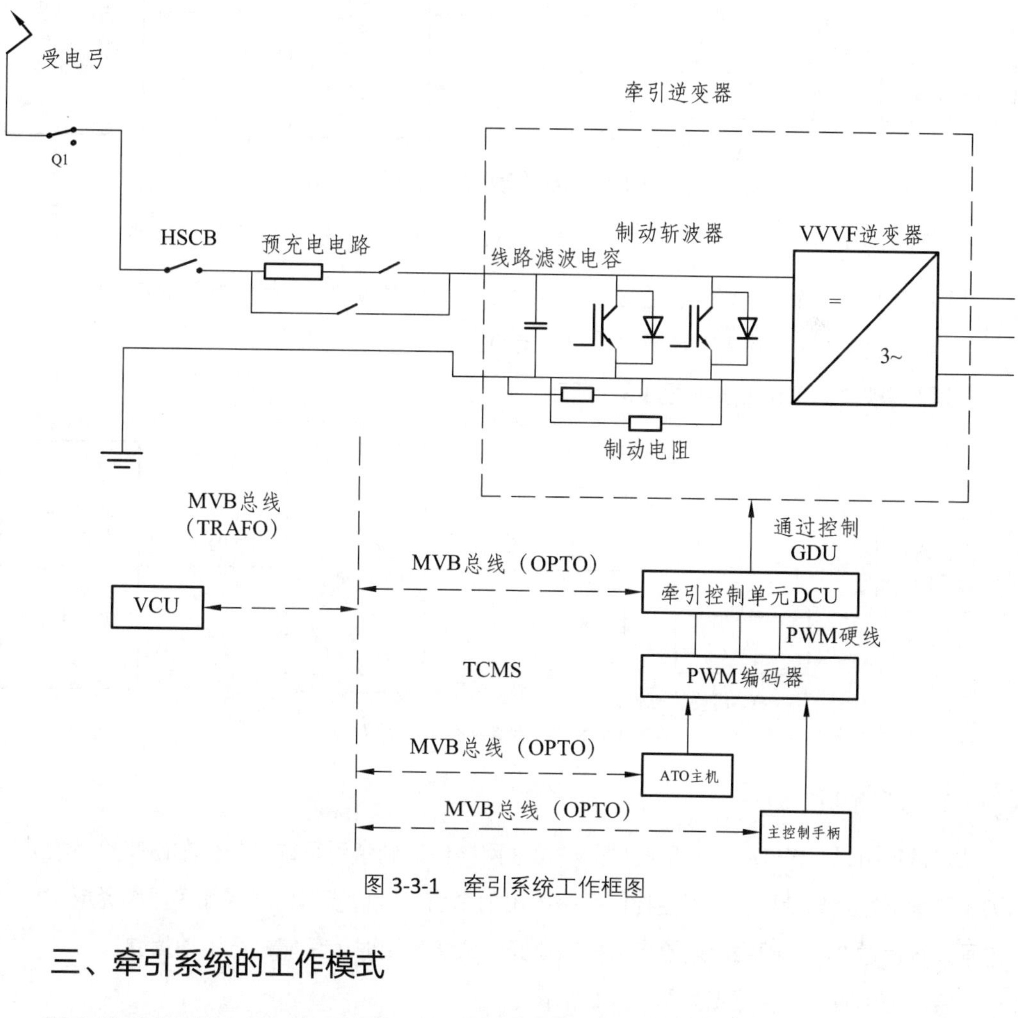

图 3-3-1　牵引系统工作框图

三、牵引系统的工作模式

城市轨道交通车辆运行环境复杂，牵引状态受线路情况、信号状态、车辆自身设备状态等各种因素的影响，从而决定了牵引系统的工作模式必须多样化。

牵引系统的工作模式主要有正常牵引和紧急牵引。

1. 正常牵引

牵引参考值有两种传输方式，即总线传输和 PWM 硬线传输。正常牵引时，牵引参考值信号通过总线网络传输。列车通信网络正常时，列车可以进行正常牵引。正常牵引时，根据驾驶方式不同，有自动驾驶和手动驾驶两种方式。

1）自动驾驶

自动驾驶时，牵引参考值由 ATO 主机给出，由 VCU 车辆控制单元接收 ATO 主机信号，再通过 MVB 总线传输给牵引控制单元 DCU。

自动驾驶时，工作框图如图 3-3-2 所示。

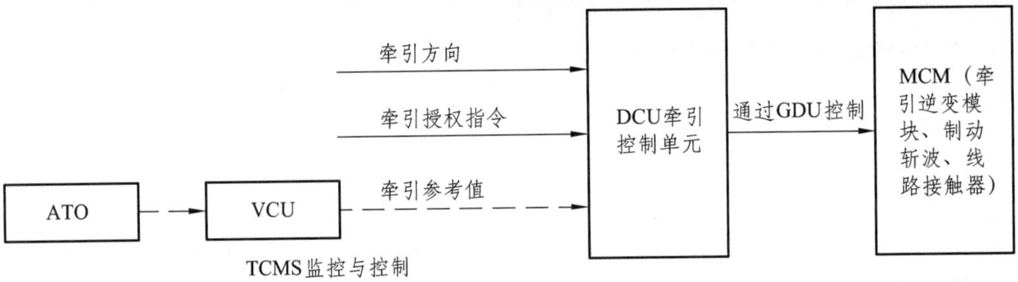

图 3-3-2　自动驾驶时工作框图

2）手动驾驶

手动驾驶时，牵引参考值由主控制手柄给出，同样由 VCU 车辆控制单元接收主控手柄信号，再通过 MVB 总线传输给牵引控制单元 DCU。

手动驾驶时，工作框图如图 3-3-3 所示。

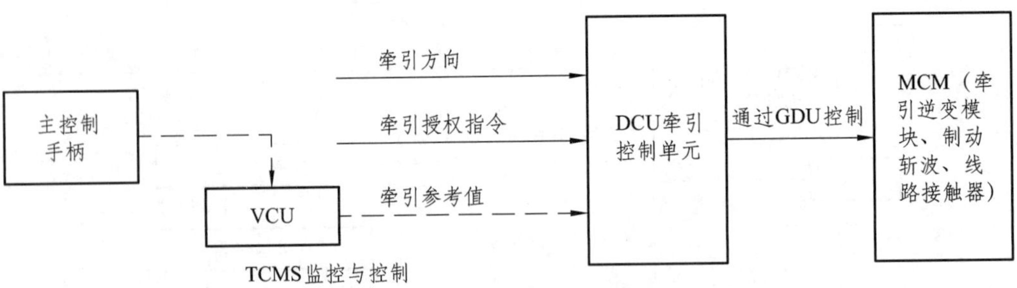

图 3-3-3　手动驾驶时工作框图

2. 紧急牵引

正常牵引时，PWM 信号是通过列车总线网络传递到牵引系统。若列车通信网络故障，列车必须进行紧急牵引，此时主控制手柄给出的牵引参考值模拟信号经编码器编译成 PWM 信号，再通过 PWM 硬线传递给牵引控制单元。紧急牵引时，只能进行手动驾驶。

紧急牵引时，工作框图如图 3-3-4 所示

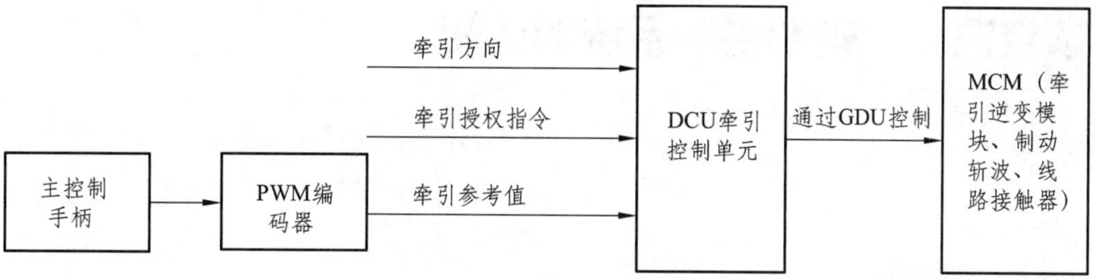

图 3-3-4　紧急牵引时工作框图

任务实施

题号	习题（填空题每空 10 分，选择题每题 10 分，判断题每题 10 分）	评分
1	牵引系统开始工作必修具备的条件不包括（　　）。 A. 牵引方向　B. 牵引控制单元接收到制动指令 C. 牵引控制单元接收到牵引授权指令　D. 牵引控制单元收到牵引参考值	
2	手动驾驶时，牵引参考值由（　　）给出。 A. 牵引控制单元　　B. ATO 设备　　　C. 主控制手柄	
3	牵引控制单元的主要功能不包括（　　）。 A. 对电制动进行调整　　　　B. 调整制动力大小 C. 通过列车总线实现与其他控制单元的通信功能 D. 将车辆控制单元通过总线传输的给定值和控制指令转换成 VVVF 逆变器用的控制信号	
4	PWM 编码器主要作用是（　　）。 A. 给出牵引授权指令　B. 计算电制动力的大小　　C. 载荷矫正 D. 主控制手柄给出的模拟牵引/制动指令信号，转化为 PWM 信号	
5	牵引控制单元接受（　　），以决定是否施加牵引或制动力。 A. 牵引/制动参考值　B. 电机转速　C.驾驶模式　D. 牵引或制动指令	
总成绩		

项目四　辅助供电系统的认知

项目描述

辅助供电系统是城市轨道交通车辆电气系统的重要组成部分。辅助供电系统的设备将受流器引入的高压直流电转换为 380 V、50Hz 的三相交流电和 110 V 低压直流电，供给列车上的空调、空压机、照明以及控制电路等负载。本项目通过辅助逆变器的高压供电电路、逆变器模块以及中压供电分配电路分析，学习城市轨道交通车辆中压电能的产生及分配；通过蓄电池充电器的工作原理学习，学会分析和理解城轨车辆低压电能的产生和供电分配。学生通过学习能够进行辅助供电系统的基本操作、检查及故障处理。本项目的实施地点安排在电客车虚拟仿真实训室和电客车电气系统维护与检修实训基地，学习资源包括电客车模型、PPT课件、微课、视频资料等。

本项目共两项学习任务，分别为“辅助逆变器及中压负载供电电路认知”“蓄电池充电器及 DC 110 V 供电电路认知”。

关键知识点：辅助逆变器供电电路的特点；辅助逆变器的工作原理；中压 AC 380 V 供电分配电路分析；蓄电池充电器的工作原理；低压 DC 110 V 供电分配电路分析等。

关键技能点：能够通过对 AC 10 型列车辅助供电系统设备进行认知，并通过相关技术资料分析其他车型辅助供电系统的设备配置情况；能够对中、低压供电电路进行基本的操作、检查及故障处理。

学习目标

1. 能正确描述 AC10 型列车辅助供电系统电气设备配置情况，能正确描述辅助逆变器以及蓄电池充电器的工作原理；

2. 能够识读城市轨道交通车辆中、低压供电分配原理图，能够识读常用辅助设备的供电电路图。

知识课堂

任务一　辅助逆变器及中压负载供电电路认知

一、AC10 型列车辅助逆变器供电电路

如图 4-1-1 所示，在不同工作模式下，AC10 型列车可以由受电弓（正常工作模式）或车

间电源插座（车间供电模式）从外部获得 DC 1 500 V 电压，经过辅助电路熔断器和限流二极管后，向辅助逆变器、蓄电池充电器以及环状供电电路供电。其中，一路高压电经过 ACM 熔断器及 ACM 线路电感，送往 C 车 PA 箱中的 ACM 辅助逆变器模块。辅助逆变器模块将高压 DC 1 500 V 电能变换成电压和频率固定（CVCF）的三相交流电，提供给车上的中压交流负载使用。

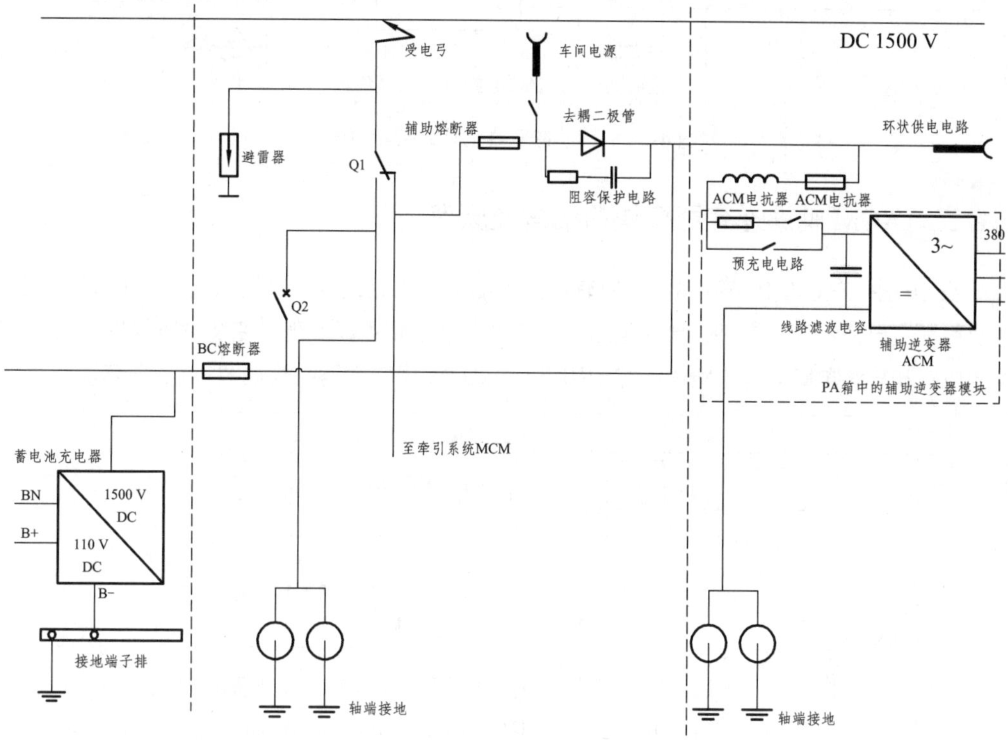

图 4-1-1　AC10 型列车辅助逆变器供电电路

如附图 1601-02 所示，在 C 车 PA 箱内部，辅助逆变器电路由预充电电路、ACM 逆变器模块、三相滤波电路、输出三相变压器等组成。电路原理分析如下：

（1）由于 ACM 逆变器模块采用电压型三相桥式逆变电路，为了保持输入电压恒定、便于后续脉宽调制，直流侧并联 DC-link 电容器。

（2）DC-link 电容器与 ACM 线路电感一同构成直流滤波电路，向逆变器模块输入稳定的直流电压，并抑制线路中可能出现的谐波电流和故障电流。

（3）预充电电路的作用是限制电路接通瞬间 DC-link 电容器充电时产生较大的电流冲击。

（4）ACM 辅助逆变器模块将 DC 1 500 V 电能转换为三相 AC 660 V。

（5）由三相电抗器和电容器构成三相交流滤波电路，它的作用是滤除逆变器模块输出电压中的谐波分量，避免谐波对负载工作的影响。

（6）三相变压器将逆变器模块输出的三相 AC 660 V 电压转换成 AC 380 V。最终的输出通常采用三相四线制，能够供给车上的便捷插座一类的单相负载和空压机、空调等三相负载。除此之外，三相变压器还作为隔离变压器，隔离高压系统和辅助用电设备，避免两侧的相互干扰。

图 4-1-2 是辅助逆变器电路的结构示意图。

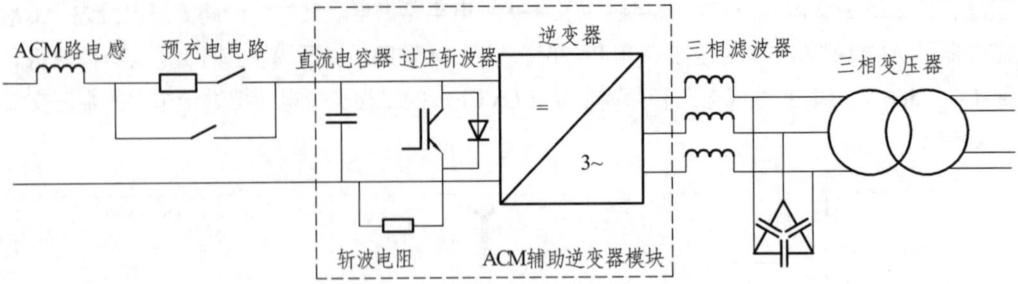

图 4-1-2　辅助逆变器电路结构示意图

二、ACM 辅助逆变器模块的结构及原理

AC10 型列车 C 车 PA 箱中的 ACM 辅助逆变器模块电路结构与牵引系统 MCM 非常类似，主要包括主电路、控制电路、检测电路等。其中，主电路主要实现逆变及过压保护等功能，控制电路和检测电路对主电路进行控制和监测。ACM 模块电路结构如图 4-1-3 所示。

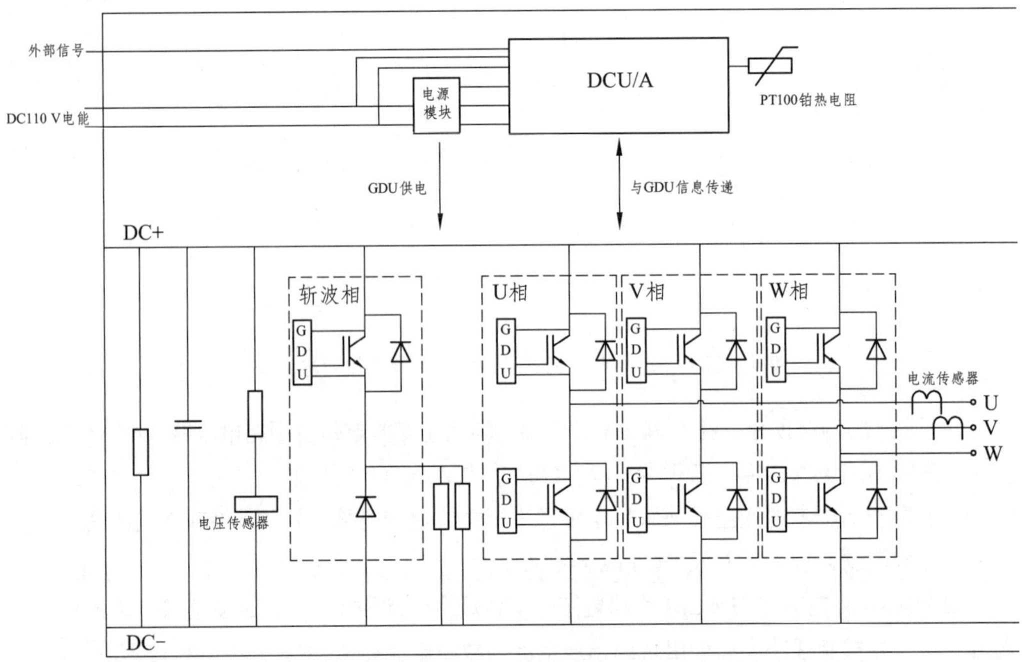

图 4-1-3　ACM 模块电路结构示意图

1. ACM 主电路

ACM 模块电路的主体是一个电压型三相桥式逆变电路，电路中的主要元件有 DC-link 电容器、放电电阻、逆变相模块以及斩波相模块。

1）DC-link 直流链接电容器

在 ACM 直流输入端并联了一个稳压电容器，称为直流链接电容器。DC-link 电容器使得直流侧输入为恒压源，ACM 为电压型逆变电路。DC-link 电容器的容量要求足够大，能够将直流侧的电压波动限制在一定的范围之内，便于输出三相交流电电压的精确控制。

另外，DC-link 电容器和电路前端的 ACM 电感一同构成直流滤波电路，实现直流侧的滤波功能。它可以抑制线路中因换流等原因引起的尖峰过电压，即“稳压”作用；还可以限制线路中的谐波和故障电流，即“平波”效应。

2）放电电阻

ACM 电路中，每个 DC-link 电容器都有单独的放电电阻与其并联。

DC-link 电容器作为储能元件，在列车休眠后或者进行 ACM 设备检修时，都应当完全放电以保证安全。正常情况下，DC-link 电容器的放电由斩波相模块连接斩波电阻来完成；当出现故障时，则由放电电阻完成放电。

放电电阻可以在 5 min 将电容电压降到低于 50 V。

3）逆变相模块

ACM 包含 3 个逆变相模块和 1 个斩波相模块，其中逆变相模块实现将输入直流电能转换成输出三相交流的功能。高压直流电能经过直流连接电容器，通过逆变相模块变换成三相交流电能，经滤波后送入三相变压器，最终得到额定电压输出。2 个 IGBT 模块组成 1 个逆变相模块，即三相桥式逆变电路的一对桥臂。每个 IGBT 元件的旁边反向并联一个二极管，在桥臂切换时提供续流通路，反馈无功能量。

如图 4-1-4 所示，每个 IGBT 元件配有一个门极驱动单元 GDU，通过门极电压驱动信号控制 IGBT 的导通和关断。我们以 U 相为例来分析逆变相模块的工作过程。

当 GDU（1）向 IGBT 模块（1）发出电压为“+”的门极驱动信号、GDU（2）向 IGBT 模块（2）发出电压为“－”的门极驱动信号时，上桥臂导通，下桥臂关断，电流方向如图 4-1-4（a）所示，U 相输出电压为“+”。

在换相时刻，GDU（1）向 IGBT 模块（1）发出关断信号，GDU（2）向 IGBT 模块（2）发出导通信号，IGBT 模块（1）率先关断。但是，由于负载电流不能立即反向，因此 IGBT 模块（2）的续流二极管导通续流。此时 U 相输出电流方向不变，电压反向为“－”，导通情况如图 4-1-4（b）。

续流结束后，IGBT 模块（2）在 GDU（2）导通信号的控制下导通，如图 4-1-4（c）所示，电流反向，电压为“－”。

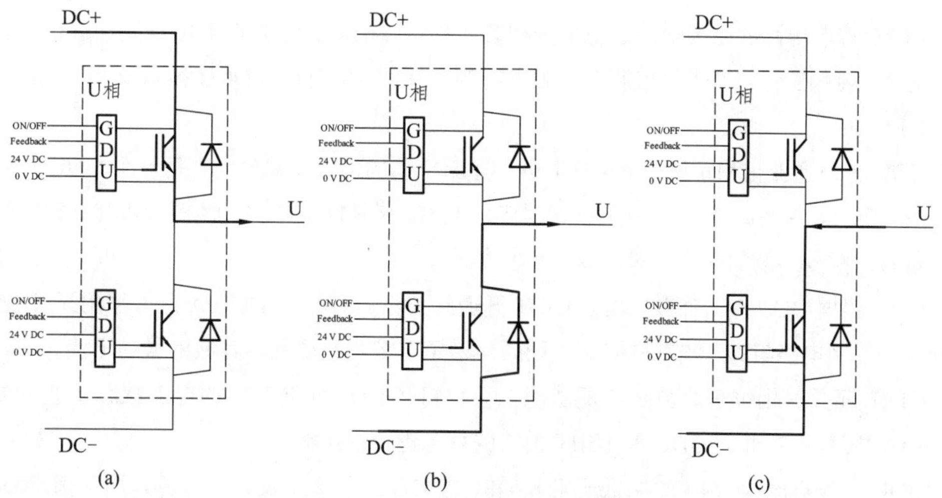

图 4-1-4　逆变相模块工作原理图

通过上述分析可知，由于逆变相模块中 IGBT 元件的切换，在 U 相当中就会产生方向可变的交流电压输出；当三个逆变相模块按照一定的规律控制导通和关断时，就会产生一组三相交流电。为了使输出为正弦交流电压，逆变相模块的控制一般采用 SPWM 正弦脉宽调制的方式。

另外需要注意的是，为了防止上下桥臂的开关管元件同时导通导致电源短路，在切换时应先给出关断信号，再给出导通信号，中间留出一定的死区时间。

4）斩波相模块

斩波相模块即过电压保护相模块。如图 4-1-5 所示，当电压传感器检测到直流侧电压超过允许值时，对应的斩波相门极驱动单元控制斩波相 IGBT 导通，通过斩波电阻放电，起到过电压保护的作用。

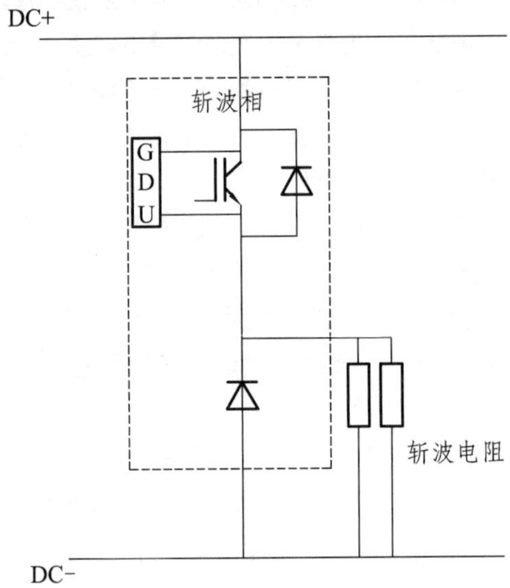

图 4-1-5　斩波相模块结构图

2. ACM 控制电路

ACM 控制电路的主要功能是对逆变相模块及斩波相模块内部的 IGBT 元件进行通断控制，对 ACM 的工作状态进行监测等。ACM 控制电路包括 GDU、DCU/A 以及低压电源。

1）GDU

GDU 是对逆变相和斩波相的 IGBT 进行通断控制的门极驱动单元，每一个 GDU 对应一个 IGBT 模块。在实体结构中，GDU 与对应的 IGBT 模块就近布置，使得门极驱动控制的线路尽量短，减少外部的谐波干扰。

GDU 根据 DCU/A 的命令，驱动 IGBT 开通和关断。GDU 与 DCU/A 之间采用光纤通信，从而实现控制电路与高压电路的隔离，同时也避免了控制系统受到其他信号的干扰。

GDU 还具有相位短路故障检测功能，可以将 GDU 和 IGBT 的电流状态迅速反馈给 DCU/A，DCU/A 由此对 GDU 和 IGBT 模块的状态进行快速响应。

GDU 工作电压为+24 V，由低压电源提供。GDU 上有 2 个发光二极管，用来指示 GDU 的状态或事件。

2）DCU/A（辅助控制单元）

DCU/A 是一种分布式控制计算机，它的功能是对 ACM 辅助逆变器模块进行控制，同时监控所有 ACM 设备的状态并采取相应的措施，维持设备的正常运行。DCU/A 的控制与监测功能具体包括：

① DC-link 电容器充放电功能。DCU/A 监测 DC-link 电容器的电压，充电时通过预充电电路控制充电电流大小，列车休眠及检修时通过斩波电阻或放电电阻放电。

② 过压保护功能。过压保护用于限制直流电压不超过允许值，如果发生控制失败或负载减少等原因造成的电压过高，则开启斩波相直到电压降到正常范围。

③ 输出电压和相电流监控功能。ACM 三相输出线路上有电流传感器用于监控 ACM 的输出电流情况，还有一个辅助电压测量变压器用于监控输出电压的水平。检测到的数据送到 DCU/A 当中，参与逆变器的控制运算。

④ 温度监测功能。温度传感器可以监测 ACM 设备的温度，一旦检测到温度超过允许值，DCU/A 将直接控制 ACM 逆变器失效；只有当温度低于某一数值时，ACM 才可以重新被激活。

⑤ 诊断功能。

3）低压电源

如图 4-1-6 所示，ACM 中的低压电源是一个 DC/DC 变换器，它将从蓄电池引入的 DC 110 V 电能转换成 ± DC 24 V，供给辅助控制单元 DCU/A、电压传感器、电流传感器、门极控制单元 GDU 以及 ACM 的内部风扇。

低压电源为 DCU、传感器、内部风扇提供 ± 24 V 电能，为 GDU 提供+24 V 电能。

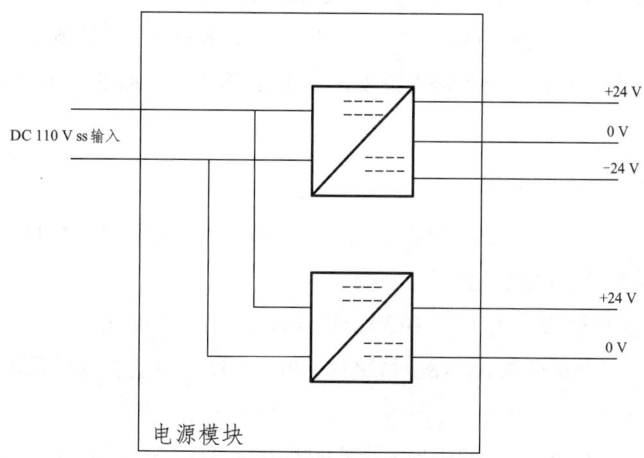

图 4-1-6　低压电源原理图

3. ACM 检测电路

ACM 检测电路包括直流侧电压传感器、输出相电流传感器及温度传感器。

1）电压传感器

在 ACM 直流输入端有一个电压传感器，测量输入电压的信息并送到 DCU/A 中，参与逆变角的控制。如果电压传感器检测到直流侧 DC-link 电压过高，则可以通过 DCU/A 控制斩波相导通。

2）电流传感器

在 ACM 三相交流输出线路上设置了用于相电流检测的电流传感器。实际上，只有两相输出线路上使用了电流传感器，另外一相的相电流则通过已知的两相电流值进行计算获得。

电流传感器检测到的相电流送到 DCU/A 当中，参与逆变器的控制运算。如果相电流超过允许值，DCU/A 会控制减小输出。

3）温度传感器

ACM 中的温度传感器用于检测并传递散热器周围空气以及 DCU/A 单元的温度，进而控制逆变器的输出。温度传感器使用 Pt-100 铂热电阻，温度检测范围为 – 40 °C ~ +100 °C。

温度传感器参与控制逆变器的方式是：DCU/A 通过检测到的温度值控制冷却系统工作，并控制 ACM 输出。当温度传感器检测到温度过高时，DCU/A 将限制 ACM 的输出电压。

三、中压交流负载的供电电路

在 AC10 型列车上，每个单元的 C 车 PA 箱中配置一台辅助逆变器，全车两台辅助逆变器一起构成中压电源系统为全列车的交流负载供电。典型的交流负载包括空调装置、空气压缩机、通风散热装置以及便捷插座等。为了确保故障情况下列车的正常运行，系统主要采用了交叉供电方式；同时，设置在两路中压电源线上的交叉供电接触器，还能够保证在一台辅助逆变器故障时，由另一台辅助逆变器向全列车的空压机、通风散热装置等重要交流负载提供电能。

接下来我们结合附图 1603-01、1603-02、1606-01 予以分析。

如图所示，01 A03（PA 箱）中的辅助逆变器输出三相 AC 380 V 电能，通过三相中压供电母线 30101、30102、30103，从两个方向分别经过 03 K35 和 03 K36 进行输出。当两台辅助逆变器均正常工作或者其中一台辅助逆变器发生故障时，03 K05 及 03 K06 会自动控制不同的状态。

1. 两台辅助逆变器正常工作

正常情况下，中压正常供电接触器 03 K35 闭合，故障供电接触器 03 K36 断开。电能经过中压正常供电接触器 03 K35 后分为两路：

（1）一路经过中压线缆 30138、30139、30140，分配给本单元负载。

① 03K35→线路保护开关 03F18→线路保护开关 03F33→逆变器通风风扇/制动电阻通风风扇。

② 03K35→线路保护开关 03F18→线路保护开关 03F30→控制继电器 03K19→空气压缩机。

③ 03K35→线路保护开关 03F18→中压线缆 30201、30202、30203→C 车空调单元一。

④ 03K35→线路保护开关 03F19→本单元 A 车和 B 车的部分负载（注：负载分配与 C 车的负载分配相同，不再逐一分析）。

（2）另一路经过线路保护开关 03F20→中压线缆 30148、30149、30150→车钩电气连接器 09Y06 到另一个单元的 C 车→另一个单元 C 车空调单元二（附图 2003-01）。

两个单元的中压分配电路综合分析，结构如图 4-1-7 所示。

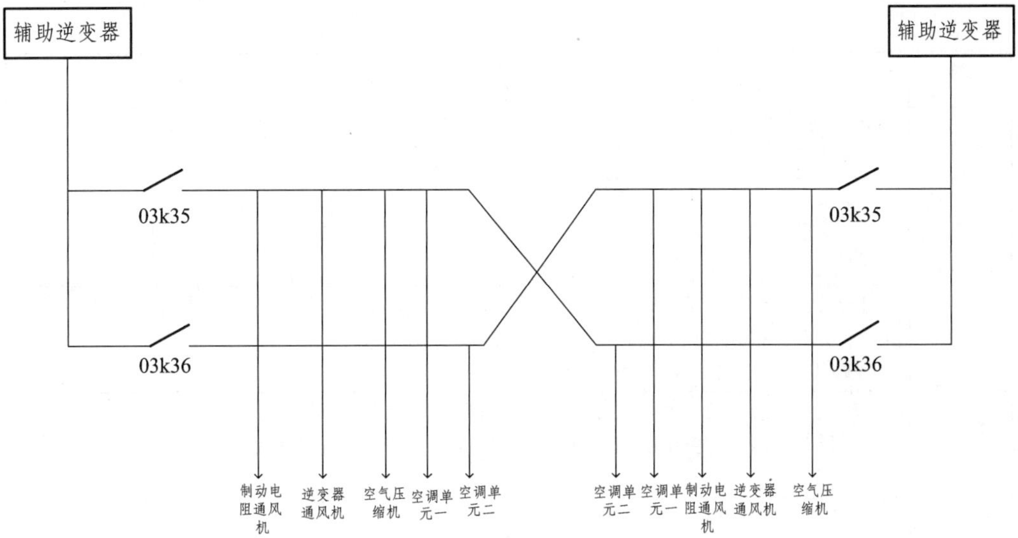

图 4-1-7　中压分配电路结构图

可以看到，在正常工作模式下，本单元辅助逆变器经过 03K35 供电的负载包括本单元所有的通风散热风扇、空气压缩机以及全列车一半的空调单元（还包括单相 AC 220 V 便捷插座）；另一个单元的辅助逆变器也供电给对应单元的通风散热风扇、空气压缩机、AC 220 V 便捷插座和全列车剩下的一半空调单元。这种中压供电分配方案近似于很多车辆上使用的交叉供电方式。

2. 一台辅助逆变器故障

如果一个辅助逆变器发生故障，那么正常工作的辅助逆变器所在单元的故障供电接触器 03 K36 闭合，由正常辅助逆变器向全列车的制动电阻风扇、逆变器风扇、空压机以及每节车一半的空调单元提供电能，此时空调单元自动切换实现减载运行。可以看到，故障情况下的中压供电分配，采用是扩展供电方式。

任务实施

题号	习题（填空题每空 10 分，选择题每题 10 分，判断题每题 10 分简答题每　分）	评分
1	车辆辅助供电系统可以由________或________从外部获得 DC 1 500 V 电压。	
2	ACM 逆变器模块采用电压型三相桥式逆变电路，为了保持输入电压恒定，直流侧并联________。	
3	三相桥式逆变电路的电路图中并联二极管的作用是________。	
4	画出三相桥式逆变电路的电路图：	

续表

题号	习题（填空题每空 10 分，选择题每题 10 分，判断题每题 10 分简答题每　分）	评分
5	GDU 与 DCU/A 之间采用______________，从而实现控制电路与高压电路的电隔离。	
6	判断题：为了防止上下桥臂的开关管元件同时导通导致电源短路，在切换时应先给出导通信号，再给出关断信号。 正确□　　　　错误□	
7	判断题：当电压传感器检测到直流侧电压超过允许值时，斩波相门极驱动单元控制斩波相 IGBT 导通，通过斩波电阻放电。 正确□　　　　错误□	
8	判断题：交叉供电接触器能够保证在一台辅助逆变器故障时，由另一台辅助逆变器向全列车的空压机、通风散热装置等重要交流负载提供电能。 正确□　　　　错误□	
9	ACM 模块中预充电电路的组成及工作原理：	
10	辅助供电系统功能：	
11	分析正常工作模式下空调单元二的供电路径：	
总成绩		

任务二　蓄电池充电器及 DC110 V 供电电路认知

城市轨道交通车辆 DC 110 V 主要由蓄电池充电器和蓄电池提供。在前面章节中，我们已经对 DC 110 V 供电系统的功能、组成、负载以及蓄电池工作原理等内容进行了讲解，这里不再赘述。本节主要介绍两方面的内容：一是蓄电池充电器的电路结构及原理；二是 DC 110 V 供电分配电路。

一、蓄电池充电器的电路结构及原理

由图 4-1-1 可知，AC10 型列车所用的蓄电池充电器是独立式的蓄电池充电器，它将 DC 1 500 V 高压电能转换为 DC 110 V 电能，为车辆上的低压直流负载供电，还可以为蓄电池充电。

蓄电池充电器型号为 GVG 1 500/110-25，主要由充电机模块、蓄电池配电模块（也称开关模块）、输入扼流圈、输出变压器等构成。图 4-2-1 是 GVG 1 500/110-25 型蓄电池充电器实物图。

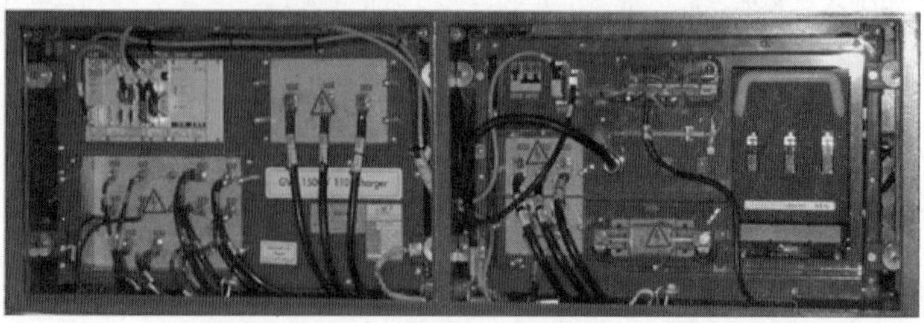

图 4-2-1　GVG 1500/110-25 型蓄电池充电器

蓄电池充电器模块是一个 DC/DC 变换器，图 4-2-2 是 GVG 1500/110-25 型蓄电池充电器的充电机模块电路原理图。模块电路由滤波电路、升压斩波电路、半桥式逆变电路、输出变压器以及单相全波整流电路几个部分组成。

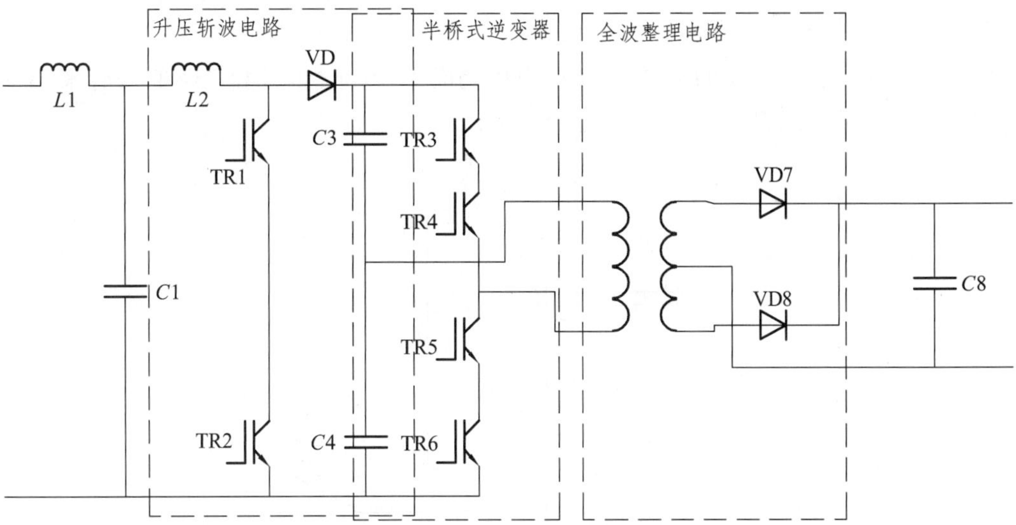

图 4-2-2　蓄电池充电器模块电路原理图

1. 滤波电路

由输入扼流圈 L_1、L_2 以及电容器 C_1 组成输入端的直流滤波电路。它可以实现电路的双向滤波，一方面减少输入高压 DC 1 500 V 的波动，另一方面可以抑制充电机变流电路对电网的影响。

2. 升压斩波电路

升压斩波电路的作用是提高输入电压，由电路中的扼流圈 L_2、开关管 TR_1 和 TR_2、二极管 VD、电容 C_3 和 C_4 组成。其工作原理如图 4-2-3 所示。

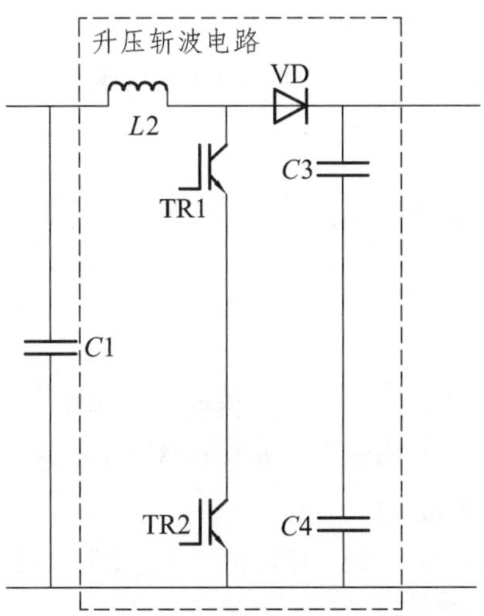

图 4-2-3　升压斩波电路图

当开关管 TR_1 和 TR_1 导通时，二极管 VD 承受反压截止，一方面由输入电源 U 在扼流圈

L_2中储存能量，另一方面由电容器 C_3和 C_4维持输出电压。

当 TR_1和 TR_2关断时，二极管 VD 导通，由于扼流圈中的电流减小、自感电动势反向并与输入电压相叠加，使得输出电压升高，其实质是利用扼流圈电感储能来升高电压。

3. 半桥式逆变器

电容 C_3和 C_4、开关管 TR_3、TR_4、TR_5、TR_6组成了一个单相的半桥式逆变电路，输出单相交流电。如图 4-2-4 所示，其工作原理分析如下：

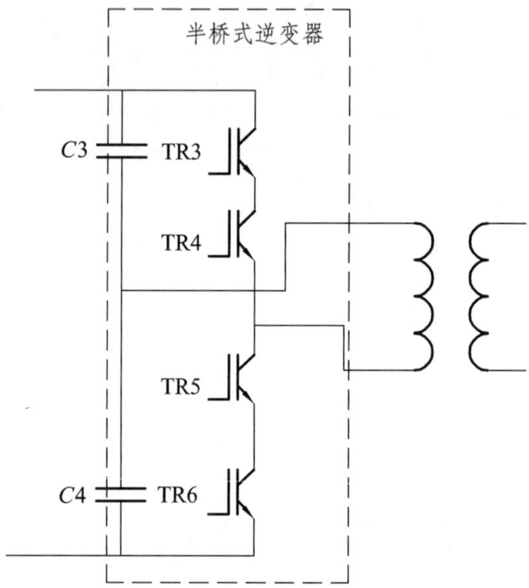

图 4-2-4　半桥式逆变器电路图

① 当 TR_3、TR_4导通而 TR_5、TR_6截止时，电流从电容 C_3的正极经过 TR_3和 TR_4流过负载回到负极，由电容 C3 提供电能到后续电路；

② 当 TR_5、TR_6导通而 TR_3、TR_4截止时，电流从电容 C_4的正极经过负载和 TR_3和 TR_4回到负极，由电容 C_4提供电能到后续电路，且电流方向与上一阶段相反。

半桥式逆变器产生 1 kHz 的交流电，提供给输出变压器用于交流变压。

4. 输出变压器

半桥式逆变器连接输出变压器，既用于输出电压变换，同时也实现高压与低压系统的电气隔离。

5. 单向全波整流电路

由输出变压器进行变压和电气隔离后，需要通过整流电路将交流变换成直流，这里使用的是一个单向全波整流电路。电路由带中心抽头的输出变压器、二极管 VD_7和 VD_8以及电容器 C_8组成。电路结构如图 4-2-5 所示。

当交流电处于正半周时，VD_7导通，电流经过 VD_7到负载回到中心抽头位置；当交流电处于负半周时，VD_8导通，电流经过 VD_8到负载回到中心抽头。这使得无论交流电为正或负时，输出电流方向都不变，输出电压都为正，即全波整流过程。

电容器 C_8的作用是使输出电压恒定。

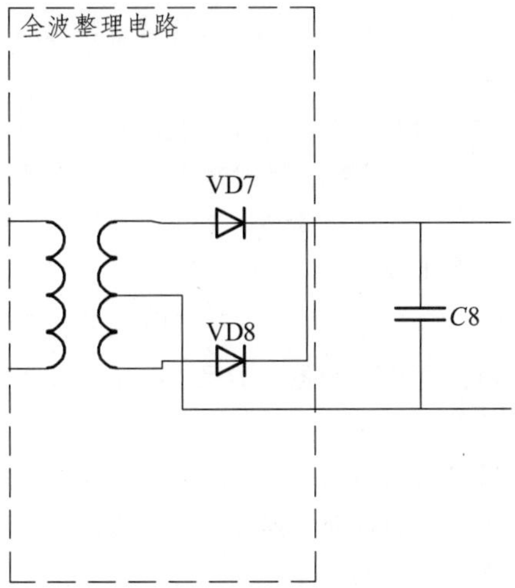

图 4-2-5　单相全波整流电路图

通过上述分析可知，充电机模块经过滤波、斩波升压、逆变、隔离变压以及整流之后，得到稳定的 DC 110 V 输出。输出电能可以给车上的 DC 110 V 负载供电，还可以给蓄电池充电。

二、DC 110 V 供电分配电路

如图 4-2-6 所示，DC 110 V 供电线路中包含两条低压供电线，其中不经过任何接触器直接进行输出的供电线称为永久列车线，它在列车休眠状态下也能够为其负载供电；另一路低压供电线由蓄电池接触器控制输出，称为预备列车线。预备列车线在休眠模式下不供电，只有在列车激活、蓄电池接触器主触头闭合的情况下才能够为负载供电。DC 110 V 永久列车线主要为列车激活控制电路、车钩控制电路、低压检测电路等供电，其他 DC 110 V 负载主要由 DC 110 V 预备列车线供电。

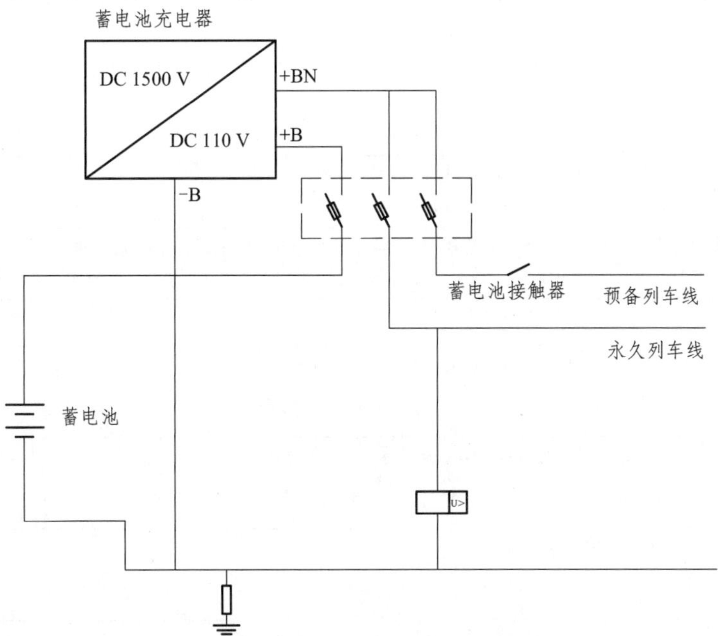

图 4-2-6　蓄电池开关模块简单线路图

DC 110 V 永久列车线和 DC 110 V 预备列车线都可由蓄电池充电器和蓄电池供电。其工作状态可以分为三种情况。

（1）列车处于休眠状态时，由蓄电池提为极少数负载提供所需的 DC 110 V 电能。此时，电流从蓄电池的正极出发，经过保护熔断器后到达蓄电池充电器的+B 端，再经由蓄电池充电器内部连线从+BN 端流出。由于列车尚未激活，蓄电池接触器主触头未闭合，因此只有永久列车线有电，预备列车线处于断电状态。

（2）从列车激活开始到受电弓升弓之前，由于蓄电池充电器没有启动，DC 110 V 电能依然由蓄电池提供。通过列车激活操作，使蓄电池接触器主触头闭合，永久列车线和预备列车线均接通，由蓄电池向全列车的 DC 110 V 负载供电。

（3）受电弓升弓之后，接触网提供的 DC 1500 V 高压电能经由受电弓引入列车，蓄电池充电器启动开始工作。一方面，蓄电池充电器提供的 DC 110 V 电能从+BN 端进行输出，通过永久列车线及预备列车线向全列车 DC 110 V 负载供电；另一方面，电流从+B 端流入蓄电池正极，为蓄电池充电。

另外，需要特别注意的是，在永久列车线上还设置了用于蓄电池电压检测的欠压继电器。在激活列车时，如果蓄电池欠压，则欠压继电器触头无法动作，蓄电池接触器主触头不能闭合，列车不能够正常激活。在列车激活状态下，若失去外部高压、蓄电池充电器不工作，蓄电池可以提供 45 min 应急通风和应急照明。当蓄电池电压低于 85 V 时，则控制蓄电池接触器断开，列车自动转为休眠状态，防止蓄电池过度放电。

任务实施

题号	习题（填空题每空 10 分，选择题每题 10 分，判断题每题 10 分，简答题每题 10 分）	评分
1	城市轨道交通车辆 DC 110 V 主要由________提供。	
2	蓄电池充电机的作用是________。	
3	AC 10 型列车 DC 110 V 供电线路中包含两条低压供电线，分别是________和________。	
4	判断题：预备列车线在休眠模式下不供电，只有在列车激活、蓄电池接触器主触头闭合的情况下才能够为负载供电。 正确□　　　错误□	
5	判断题：预备列车线上所接的控制线路比永久列车线更多。 正确□　　　错误□	
6	判断题：AC10 型列车的蓄电池充电器采用了 DC-AC-DC 的电能变换方式。 正确□　　　错误□	
7	升压斩波电路中电感元件的作用：	
8	蓄电池提供 DC 110 V 电源输出的使用情况是：	
9	蓄电池充电器提供 DC 110 V 电源输出的使用情况是：	
10	欠压检测继电器的作用是：	
总成绩		

项目五　车门控制系统认知

项目描述

在地铁运营中，车门是乘客直接接触的部件，它关系到乘客的人身安全问题。地铁车辆具有运载客流量大、乘客上下车频繁等特点，所以每列车的车门数量较多、开度大，开关车门动作也比较频繁，因此车门也成为故障发生最多的部件，也是遭到乘客投诉最多的部件之一。所以，车门是一个与运营安全有着直接关系的、城市轨道交通车辆中的重要组成部件。

本项目主要介绍庞巴迪 AC10 型电客车的车门控制系统。本项目详细介绍了电客车车门控制系统各电气部件的功能；客室车门的开关门控制电路原理；车门安全回路的构成及作用、非正常情况下车门的控制。

本项目共三项学习任务，即“车门控制系统各电气部件的认知”“车门开关门操作”“车门安全回路认知与非正常情况下车门的控制”。

关键知识点：车门电气控制系统各部件的功能与位置；车门开关门的控制原理；车门安全回路的功能与构成。

关键技能点：正常开关车门操作；不同情况下车门的故障处理。

学习目标

1. 能正确识别车门电气控制系统各部件的名称及位置；
2. 能正确识读车门控制电路与车门安全回路；
3. 能根据故障现象做出正确的故障处理。

知识课堂

任务一　车门控制系统电气部件的认知

一、车门认知

庞巴迪 AC10 型电客车的车门由客室门、司机室侧门及贯通道门组成。每节车 10 套车门，每侧 5 套，每个司机室 2 套车门，每侧 1 套，对称分布，在司机室与客室之间设有 1 扇通道门，在每个司机室正前端还设置有 1 扇安全疏散门。

1. 司机室侧门

在司机室左、右侧各设有一个司机室侧移动拉门，通过其中任一个，司机可以从外面进入司机室。每个司机室侧门都可以从内部和外部打开或锁上。门的上部安装了一个滑动窗，可以垂直滑动，上部分是向外滑动的，窗户可以安全地锁闭在关闭位置。

司机室侧门不受列车启动联锁控制，所以要求操作人员在列车启动时，必须关好司机室侧门。

2. 客室门

客室门采用电动内藏式移动门，利用驱动电机通过螺杆的驱动而使两个门页同步运动。客室车门编号是连续的，从 1 ~ 20。每辆车左侧车门的编号为奇数（1/3、5/7、9/11、13/15、17/19），右侧车门的编号为偶数（2/4、6/8、10/12、14/16、18/20），编号为 1/3 的车门和编号为 2/4 的车门是距离车辆 1 位端最近的车门。车门布局如图 5-1-1 所示。

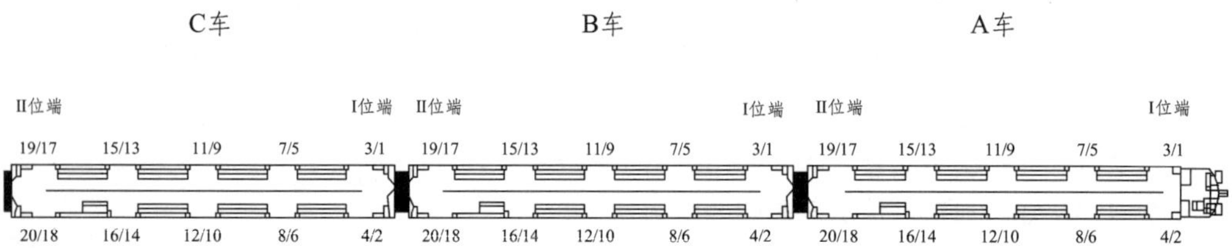

图 5-1-1　车门布局

3. 通道门

从司机室到客室的通道门在间壁墙中间，从客室内部看，通道门的两侧分别是设备柜与电子柜。通道门是一个折页门，门上有锁、手柄、窥视孔（窗）。

4. 安全疏散门

每个司机室前端部都安装有一个安全疏散门，安全疏散门由两个铰接在一起的长方形门页组成，两个门页打开时就会形成坡道，用于疏散乘客。当收回时，两个门页折叠在一起形成一个紧凑的装置以便于减少占用司机室的空间。在列车不能到达下一站时，安全疏散门用于疏散乘客。

二、车门控制系统的电气部件认知

现代城市轨道交通车辆客室车门广泛采用电控电动门，车门控制系统的主要电气部件有电子门控单元（EDCU）、车门驱动电机、门关好/锁好行程开关、车门模式选择开关、车门指示灯。

1. 电子门控单元

电控电动门由电子门控单元（EDCU）进行控制，EDCU 是车门控制系统的核心电气部件。

每个门上均装有一个 EDCU，使用 DC 110 V 电源，通过 RS485 总线与 TCMS 进行信息交换，完成对车门的控制、监测、调整，并传递车门的状态信息和诊断信息。电子门控单元如图 5-1-2 所示。

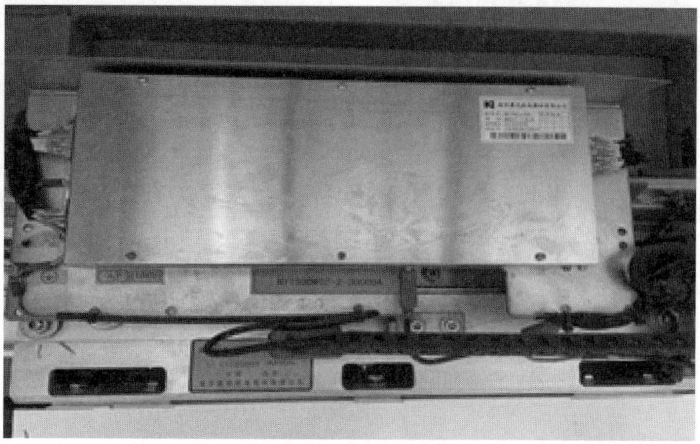

图 5-1-2　电子门控单元

2. 车门驱动电机

城市轨道交通车辆车门驱动电机通常采用永磁无刷 DC 110 V 电动机，如图 5-1-3 所示。

图 5-1-3　车门驱动电机

车门驱动电机受 EDCU 控制，在 EDCU 的控制下完成开/关门动作。EDCU 控制电动机的转矩及速度，使车门的运动快速、平稳。开关门均具有二级缓冲功能，在接近全开或全关时转为低速，其余区段为高速运动；车门具有防夹功能，EDCU 检测电机电流来判断是否有障碍物。高、低速区段、正常开关门时间等参数可通过 EDCU 接口修改。

3. 门关好/锁好行程开关

1）门关好行程开关

门关好行程开关是“关门”检测装置，用于检测门是否处于关闭状态。两门页的动作具有对称性及同步性，通常在一个门页上设置门关好行程开关，可以检测到整个门页是否处于关闭状态。门关好行程开关如图 5-1-4 所示。

图 5-1-4　门关好行程开关

门关好行程开关有两对触点，利用车门门页运动到位后碰撞行程开关，使其触头动作来实现接通或分断车门控制电路或传递车门状态信息。一对触点用于向列车安全回路传送信号，另一对触点向 EDCU 发送“门关好”信号。EDCU 收到该信号后，控制电机降低转速，以达到车门在完全关闭前实现缓冲。当一对触点故障时，EDCU 收不到“门关好”信息，EDCU 将向列车诊断系统发出“车门故障”信息。

2）门锁好行程开关

门锁好行程开关是“锁门”位置检测装置，由于检测车门处于“关闭并锁好”位置。门锁好行程开关具有与门关好行程开关相同的特性，同样带有两对触头。当其动作后，向 EDCU 送出车门已锁信号，同时向列车安全回路传送信号。门锁好行程开关如图 5-1-5 所示。

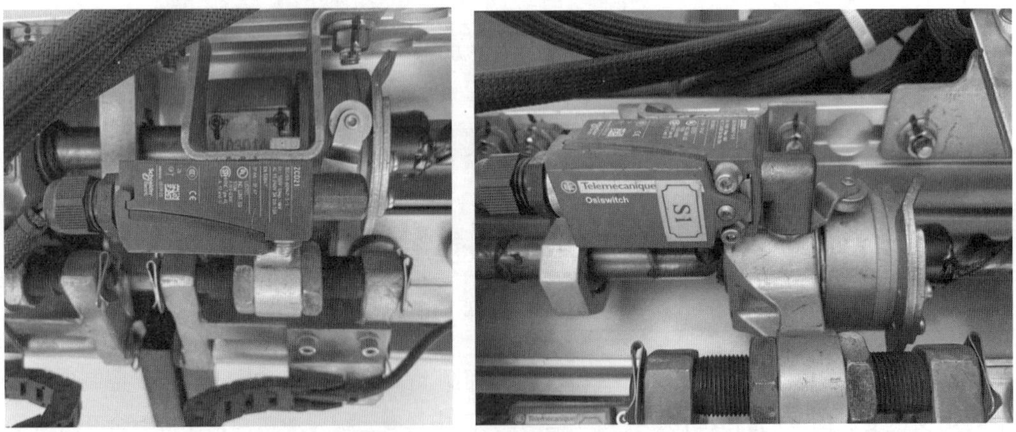

图 5-1-5　门锁好行程开关

4. 紧急解锁装置

1）内部紧急解锁装置

在车辆内，每个车门都设有一个可供乘客在紧急情况下使用的紧急解锁装置。紧急解锁装置一般安装于车体内部靠近车门的地方。在紧急情况下，通过操作内部紧急解锁装置打开客室车门对乘客实施紧急疏散功能。内部紧急解锁开关如图 5-1-6 所示。

图 5-1-6　内部紧急解锁装置

2）外部紧急解锁装置

每节车的两侧各设一套外部解锁装置，一般安装于侧墙外侧中部位置。通过司机方孔钥匙操作，外部紧急解锁装置功能、原理与内部紧急解锁装置类似。外部紧急解锁装置如图 5-1-7 所示。

图 5-1-7　外部紧急解锁装置

5. 车门隔离开关

车门隔离开关也叫作车门锁闭/切除开关，一般安装于车门门页上，如图 5-1-8 所示。

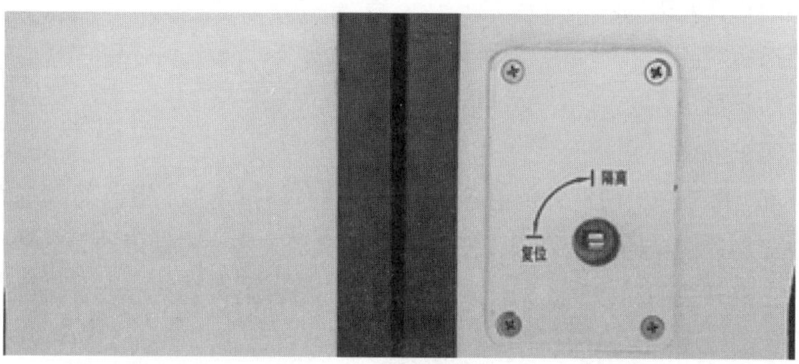

图 5-1-8　车门隔离开关

当单个车门故障时，为避免影响列车运行，可通过操作车门隔离开关。当隔离锁锁闭后，隔离锁将车门机械锁闭，同时隔离锁带动行程开关动作将隔离信号传至 EDCU，EDCU 自动切断该车门的控制回路，并向车辆微机单元报告该车门退出服务，保证车辆的正常运行工作。

6. 车门模式选择开关

车门模式选择开关用于选择客室车门开关门方式。车门模式选择开关如图 5-1-9 所示。

车门模式选择开关有三个工作位：

① 手动（M/M）：手动开门/手动关门；

② 半自动（A/M）：自动开门/手动关门；

全自动（A/A）：自动开门/自动关门。

图 5-1-9　车门模式选择开关

7. 车门状态指示灯

在客室内部，每套门设有 2 个指示灯：内侧车门指示灯（橙色）、门切除指示灯（红色）。具体显示意义如下：

（1）橙色指示灯。

熄灭：车门关闭并锁好；

点亮：车门完全打开；

闪烁：车门正在开关门。

（2）红色指示灯。

熄灭：车门正常；

点亮：车门被隔离。

在客室外部，每节车的两侧外侧墙各有一个外侧车门指示灯（橙色），本车单侧门全关闭并锁好时，对应侧外侧车门指示灯灭；任意一个车门未关好或未锁好时，对应侧的外侧车门指示灯常亮；正在开关门动作时，对应侧的外侧车门指示灯闪烁。

任务实施

题号	习题（填空题每空 10 分，选择题每题 10 分，判断题每题 10 分，简答题每题 10 分）	评分
1	车门控制系统的主要电气部件有：	
2	EDCU 的主要功能是：	
3	车门上有的行程开关主要有：	
4	车门模式选择开关工作位置有：	
5	客室内部车门状态指示灯显示意义是：	
总成绩		

知识课堂

任务二　车门开关门操作

城市轨道交通车辆对车门的控制主要通过操作司机室的左右侧墙上的开、关门按钮或司机台上的备用开、关门按钮来实现一侧所有车门的同时打开和关闭。从安全的角度考虑，开关车门都必须具备一定条件，车门才能按照一定的方式打开或关闭。

一、车门开关门控制原理

1. 车门控制列车线

列车车门的开/关由 EDCU 来控制，EDCU 根据门使能列车线、开门列车线、关门列车线的状态驱动门电机，从而实现车门的开/关功能。车门的开/关控制采用网络优先，硬线备份的原则。如果 EDCU 没有收到网络信号，就接受硬线传输的信号。车门状态与列车线的逻辑关系见表 5-2-1。

表 5-2-1　车门状态与列车线的逻辑关系

门使能列车线	开门列车线	关门列车线	门的状态
0	0	0	保持
0	1	0	保持
0	0	1	保持
0	1	1	保持
1	0	0	保持
1	1	0	打开
1	0	1	关闭
1	1	1	关闭

2. 门使能列车线得电条件

（1）ATP 正常，列车静止且停车位置不超过规定位置的土 0.5 m，ATP 给出门使能信号。

（2）ATP 故障切除时，只要列车处于静止状态。

（3）列车处于“洗车”模式时。

3. 开门列车线得电条件

（1）车门模式选择开关在“手动”位时，由开门按钮给出。

（2）车门模式选择开关在“半自动”/“全自动”位时，由车载 ATO 系统给出。

4. 关门列车线得电条件

（1）车门模式选择开关在“手动”/“半自动”位时，由关门按钮给出。

（2）车门模式选择开关在“全自动”位时，由车载 ATO 系统给出。

二、集中开门操作

1. 开门条件

列车客室车门必须在门使能列车线与开门列车线都得电的情况下才允许打开。此时，“开左门”或者“开右门”红色带灯按钮点亮，表示允许打开左侧车门或者右侧车门。

2. 开门操作

操作目标：使列车左侧（或右侧）所有车门同时打开。

操作设备：① 开左侧车门时，为左侧墙面板上的“开左门”带灯按钮 08S01，或司机台上的“开左门”带灯按钮 08S07。② 开右侧车门时，为右侧墙面板上的“开右门”带灯按钮 08S02。

操作方法：列车停稳在规定位置后，当“开左门”或者“开右门”带灯按钮红灯点亮时，在手动开门模式下，按下 08S01 或者 08S07 按钮，打开左侧车门。按下 08S02 按钮，则打开右侧车门。

若车门模式选择开关 08S09 在“半自动”位或者“自动”位时，车门自动打开。

3. 电路分析

1）门使能列车线得电

（a）ATP 模式。

ATP 模式下，当列车停稳在指定位置后，（附图 1204-30）车载 ATP 通过 04 A06-1P3-M2 引脚输出高电平使 04K34 继电器线圈得电，同时 ATP 通过 04 A06-1P3-E2 引脚输出高电平使 04K44 继电器线圈得电。

（附图 1808-01）经 30271 线→08F01→80101 线→04K34 常开触头（11-14）→04K44 常开触头（11-14）→80107 线→08S10（21-22）→80106 线→“右门使能”继电器 08K02 线圈得电。

经 30271 线→08F01→80101 线→08K02（13-14）→80114 线使 08S02“开右门”带灯按钮红灯点亮，给司机发出可以打开右侧车门的指示。

同样的，当 ATP 允许开左门时，（附图 1204-30）04 A06-1P3-L5 引脚输出高电平使 04K35 继电器线圈得电，同时 ATP 通过 04 A06-1P3-D2 引脚输出高电平使 04K45 继电器线圈得电。

（附图 1808-01）经 30271 线→08F01→80101 线→04K35 常开触头（11-14）→04K45 常开触头（11-14）→80108 线→08S10（41-42）→80105 线→“左门使能”继电器 08K01 线圈得电。

经 30271 线→08F01→80101 线→08K01（13-14）→80111 线使 08S01、08S07“开左门”带灯按钮红灯点亮，给司机发出可以打开左侧车门的指示。

（2）URM 模式。

此时，ATP 被切除，（附图 1204-30）04 A06-1P3-F5 引脚无法输出高电平，04K36 线圈无法得电。当列车停车之后，（附图 1808-01）经 30271 线→08F01→80101 线→04K36（11-12）→02K11（33-34）→经 80102 线→（附图 1808-02）→经 80102 线→02K04（23-24）→经线 80201→08 V14→08S02→经 80216 线→（附图 1808-01）→经 80216 线→08K71（43-44）→→08S10（33-34）→“右门使能”继电器 08K02 线圈得电。

在这条电路中，零速继电器 02K11 线圈在列车停车以后才能得电；司机室占有继电器 02K04 线圈在司机室激活之后才会得电；（附图 1808-19、附图 1202-20）车门手动控制继电器 08K71 线圈在方向开关回 0 之后才会得电；在 ATP 切除之后，必须将 08S10 激活车门旁路开关置于“合”位；必须按下右开门按钮 08S02，此条电路才会接通，“右门使能”继电器 08K02 线圈才能得电。

同样的，按下“左开门”按钮 08S01 或者 08S07，“左门使能”继电器 08K01 线圈得电。

（3）自动开门模式。

① 开右侧车门。ATP 发出自动开门指令，（附图 1204-30）经 ATP 模块 04 A06-1P3-G2

引脚输出高电平使 04K12 线圈得电；（附图 1208-02）经 80102 线→08 V28→80212 线，（附图 1204-32）经 80212 线→04K12（11-12）→80216 线；（附图 1208-02）经 80216 线→08K02（33-34）→使“右开门”保持继电器 08K04 线圈得电；经 80202 线→08K04（13-14）→“右开门”保持继电器 08K04 线圈，使 08K04 处于自保持；（附图 1208-03）经 80101 线→08 V22→08K04（23-24）→经 80311 线将高电平传递到各右侧车门 EDCU，EDCU 控制右侧车门打开（附图 1208-04）。

② 开左侧车门参照右侧车门开门过程。

（4）手动开门模式。

① 开右侧车门。当列车停靠在规定位置后，车门缓解信号发出，“右门使能”继电器 08K02 线圈得电，（附图 1208-02），此时，按下司机台上的“开右门”带灯按钮 08S02，经 80102 线→02K04（23-24）→80201 线→08 V14→08S02（13-14）→08K02（33-34）→使“右开门”保持继电器 08K04 线圈得电，经 80102 线→08 V28→08K04（13-14）→08K04 线圈得电自锁；（附图 1208-03）经 80101 线→08 V22→08K04（23-24）→经 80311 线将高电平传递到各右侧车门 EDCU，EDCU 控制右侧车门打开（附图 1208-04）。

② 开左侧车门参照右侧车门开门过程。

三、集中关门操作

1. 关门条件

列车客室车门在开门状态下，门使能列车线与开门列车线都是持续得电的情况，此时，一旦门使能列车线与开门列车线任何一条线失电，车门都执行关门动作关闭车门。

2. 关门操作

操作目标：使列车左侧（或右侧）所有车门同时关闭。

操作设备：① 关左侧车门时，为左侧墙面板上的“关左门”带灯按钮 08S03，或司机台上的“关左门”带灯按钮 08S08。② 关右侧车门时，为右侧墙面板上的“关右门”带灯按钮 08S04。

操作方法：当列车出发前，当司机检查无人上下车后，车门模式选择开关在“半自动”或“手动”模式下，按下 08S03 或者 08S08 按钮，关闭左侧车门。按下 08S04 按钮，则关闭右侧车门。

若车门模式选择开关 08S09 在“自动”位时，ATO 的开门指令取消时（ATP 的车门缓解信号也同时取消），车门自动关闭。

3. 电路分析

1）自动关门模式

① 自动关右门。当车门模式选择开关在“自动”位时，（附图 1204-30）车载 ATP 通过 04 A06-1P3-F5 引脚输出高电平使 04K36 继电器线圈得电，（附图 1808-01、附图 1808-02）04K36（11-12）常闭触头断开，使“右门使能”继电器 08K02 线圈与“右开门”保持继电器 08K04

线圈失电，全列车右侧门关闭。

② 自动关左门参照自动关右门。

2）手动关门模式

① 手动关右门。当车门模式选择开关在“半自动”位或“手动”位时，司机按下“关右门”带灯按钮 08S04，（附图 1204-30）经 20100 线→04K42（43-44）→43001→08S04（13-14）→使 04K46 线圈得电。04K46 为断电延时继电器，当按下关门按钮 08S04 时，04K46 线圈通电，04K06（15-18）断电延时动合触头瞬间闭合，经 20100 线→04K42（43-44）→43001→04K46（15-18）→04 V06→使 04K36 线圈得电，（附图 1808-01、附图 1808-02）04K36 常闭触头断开，使“右门使能”继电器 08K02 线圈与“右开门”保持继电器 08K04 线圈失电，全列车右侧门关闭。

当松开关门按钮，04K46 线圈失电，04K06（15-18）断电延时动合触头延时断开，04K36 线圈失电，04K36（11-12）触头闭合，但开门电路的联锁已被破坏，车门不会再次打开。

② 手动关左门参照手动关右门。

任务实施

题号	习题（填空题每空 10 分，选择题每题 10 分，判断题每题 10 分）	评分
1	城市轨道交通车辆的车门控制线为：	
2	开门的基本条件是：	
3	门使能信号有效条件为：	
4	开关门按钮亮红灯表示：	
5	关门按钮亮绿灯表示：	
6	开门逻辑控制框图是：	
总成绩		

知识课堂

任务三　车门安全回路认知与非正常情况下车门的控制

一、车门安全回路的认识

列车运行过程中全部车门正常关好锁闭，才能确保运营安全。所以需要依靠车门安全回路确定车门是否处于完全关好锁闭状态。根据车门安全回路的状态就可知道车门状态。

1. 车门安全回路的构成

车门位置状态信息由车门门关好行程开关检测，将每节车单侧每个车门的门关好行程开关、紧急解锁行程开关的常闭触点串联，然后将车门隔离装置的行程开关常开触点分别与之并联，电路向本车门关好继电器 08K27（左侧）、08K28（右侧）线圈供电，再将每节车单侧的门关好继电器常开触头与安全疏散门门关好继电器 07K08 常开触头串联形成左侧车门安全回路（图 5-3-1）与右侧车门安全回路（图 5-3-2），两条电路共同组成车门安全回路。

车门安全回路接通后，司机室门关好指示灯亮，列车方可启动；只要检测到有一个车门没有正确关好锁闭，列车将无法启动。在运行过程中，如果有乘客将紧急解锁手柄拉下，车门安全回路断开，列车将可能触发紧急制动并停车。

车门安全回路如图 5-3-3 所示。

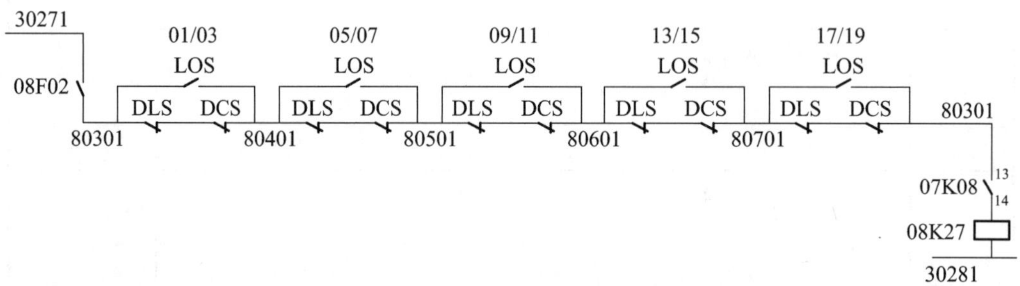

图 5-3-1　单节车门关闭检测（左侧）

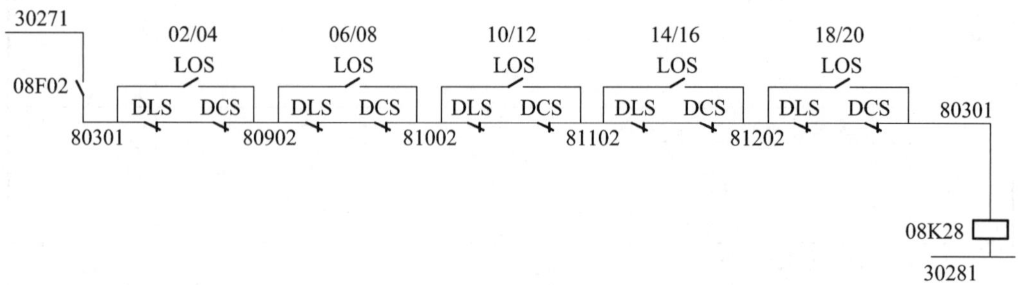

图 5-3-2　单节车门关闭检测（右侧）

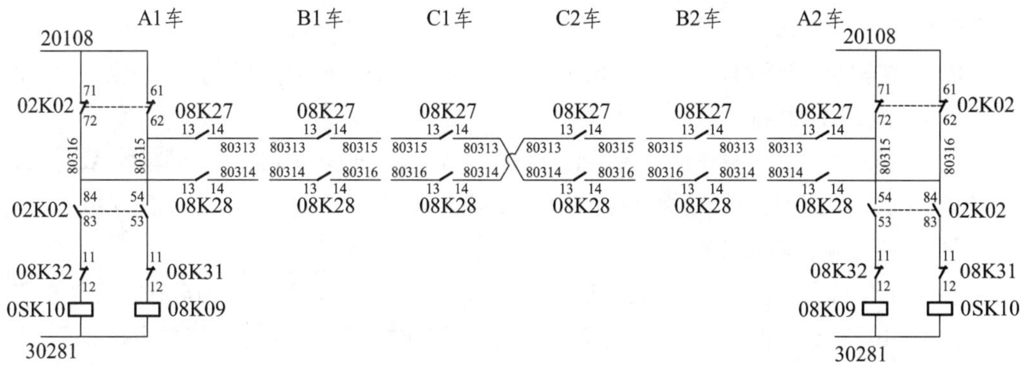

图 5-3-3　整列车车门安全回路

1）一对车门关闭状态检测

如图 5-3-1 所示，当 01/03 车门锁闭后，车门关好行程开关 DCS 及车门紧急解锁行程开关 DLS 的常闭触点均闭合，经 80301 线→DCS 常闭触头→DLS 常闭触头→80401 线，若 80301 与 80401 线接通，则该车门正常关闭。

当该车门因故障而切除时，车门切除行程开关 LOS 常开触头闭合，将 80301 与 80401 线接通，从而旁路故障车门。

2）单节车左（右）侧车门关闭检测

① 单节车左侧车门关闭检测，如图 5-3-2 所示，本节车左侧所有车门全部关闭后，所有左侧车门的 DCS 与 DLS 行程开关常闭触头闭合，DC 110 V 电源经 30271 线→08F02→经所有车门的 DCS 与 DLS 常闭触头串联回路→A 车疏散门关好继电器 07K08 常开触头向本节车左侧门关好继电器 08K27 线圈供电，只要 08K27 正常得电，其常开触头闭合，则说明本节车左侧车门全部关闭，该电路也称为单节车门安全回路。

当某对车门因故而切除时，LOS 常开触头闭合短接该车门的 DCS 与 DLS，是单节车门安全回路保持接通。

图 5-3-1 所示电路为 A 车左侧车门安全回路，只有一个安全疏散门，所以只在左侧车门安全回路中有 07K08 常开触头；B、C 车因没有安全疏散门，车门安全回路中无 07K08 常开触头。

② 单节车右侧车门关闭检测，图 5-3-2 所示电路为 A 车右侧车门安全回路，除无 07K08 常开触头外，原理与左侧车门安全回路相同，B、C 车的右侧车门安全回路与 A 车右侧车门安全回路也是相同的。

2. 整列车左（右）侧车门安全回路

① 左侧车门安全回路，如图 5-3-3 所示，当 6 节车所有左侧车门都关闭之后，每节车的 08K27 线圈得电。若是 A1 车司机室激活，A1 车司机室占有继电器 02K02 得电，A2 车司机室占有继电器 02K02 是失电的。此时左侧车门安全回路为：A2 车 DC 110 V 电源经 20108 线→02K02（71-72）→线 80316→08K28（13-14）（A2 车）→80314 线→08K28（13-14）（B2 车）→80316 线→08K28（13-14）（C2 车）→80314 线（C2 车）→80313 线（C1 车）→08K27（13-14）（C1 车）→80315 线→08K27（13-14）（B1 车）→80313 线→08K27（13-14）（A1 车）→经 80315 线→02K02（53-54）→08K31（11-12）→使“列车左侧门全关闭”继电器 08K09

线圈得电。

② 右侧车门安全回路，“列车右侧门全关闭”继电器 08K10 与“列车左侧门全关闭”继电器 08K09 电路原理相同。

需要注意的是，由于列车两个单元反向联挂，若是 A1 车司机室激活，列车的 A2、B2、C2 车车门方向对于运行方向是相反的。C 车车钩电路连接器为交叉接法，从而实现两个单元车门安全回路连接方向的转变。

③ 列车车门状态由 A 车的“列车左侧门全关闭”继电器 08K09 和“列车右侧门全关闭”继电器 08K10 进行监控，当 08K09 与 08K10 得电闭合时，表明全列车车门关闭并锁好，此时“关右门”带灯按钮 08S04、“关左门”带灯按钮 08S03、“关左门”带灯按钮 08S08 绿灯亮，并通过“所有车门关好”列车线 80137 把信号传递到牵引制动控制电路与 B 车的 04 A15-D1-12 引脚。

二、车门安全回路对列车的影响

1. 车门安全回路对车载 ATP 系统的影响

① 当列车处于静止状态（零速信号有效时，列车运行速度小于 3 km/h）时，如果车门安全回路断开，车载 ATP 系统将对列车施加紧急制动。

② 当列车运行速度高于 3 km/h、零速信号失效时，如果车门安全回路断开，列车正常运行，不施加紧急制动。

2. 车门安全回路对牵引指令的影响

牵引指令即可以通过硬线的方式给出，也可以由车载 ATP/ATO 系统给出。不论哪种方式给出牵引指令，为了保证安全，在车门未关好之前不允许牵引，不给出牵引指令。

① 当列车处于静止状态（零速信号有效时，列车运行速度小于 3 km/h）时，只有在两侧车门安全回路都接通时，也就是所有车门正常关闭的情况下，列车才会给出牵引指令。

② 当列车运行速度高于 3 km/h、零速信号失效时，牵引指令与车门安全回路状态无关。当有车门打开时，车门安全回路断开，列车仍然可以正常牵引。

三、非正常情况下车门的控制

城市轨道交通车辆运行过程中，车门可能会出现单个车门无法正常打开、车门无法正常锁闭等问题，影响列车安全运行。当出现车门故障时，为保证乘客安全与车辆的正常运营，需要做出相应的处理。

1. 车门的切除

当单个车门故障时，为了不影响列车的运行，通过专用钥匙将故障车门进行隔离称为车门的切除。

如果由于个别车门因为机械或电气故障而要求单独退出服务时，首先保证该门处于关闭状态下，被授权人员才可以用专用钥匙（方孔钥匙）转动位于门板上的车门切除开关，同时会触发车门隔离行程开关动作，车门隔离行程开关触头提供该车门被隔离锁闭信号，进而隔离该车门电路，使该车门退出服务而其他门不受其影响。

车门切除后出现的情况有以下几点：

① 被切除的车门不再受开/关门指令控制；

② 被切除的车门将一直保持闭合机械锁闭状态；

③ 紧急解锁装置不能打开车门；

④ 被切除车门的门关好行程开关和紧急解锁开关的触头被门锁闭/切除开关短路，门关好行程开关和紧急解锁开关的触头状态不影响安全回路；

⑤ EDCU 会接收到车门切除的相关信息，并传输给 TCMS 系统和车载 ATP 系统；

⑥ 车辆显示屏（DDU）将显示车门切除信息。

2. 车门内/外部紧急解锁

车门紧急解锁分为内部紧急解锁和外部紧急解锁。紧急情况下，乘客可以拉开内部紧急解锁装置面罩，通过顺时针转动手柄来操作车门系统的内部紧急解锁装置，进行内部紧急解锁。同时，司机也可以通过操作外部紧急解锁装置对车门进行紧急解锁，然后打开车门。使用外部紧急解锁时，必须先使用专用的方孔钥匙转动外部紧急解锁装置至解锁位，然后操作车门。

不论是外部紧急解锁还是内部紧急解锁，都会出现以下几种情况：

① 当有零速信号（车速小于 3 km/h）时，电机断电，门可自由开启，此时手动开门力为车门的机械阻力；

② 当没有零速信号（车速≥3 km/h）时，电机保持一定的维持电流，施加关门力，此时需要克服电机的阻力（阻力＞200 N），车门无法正常打开；

③ 当有门使能信号时，车门安全回路断开，列车施加紧急制动；

④ 当没有门使能信号时，列车不施加紧急制动，正常运行；

⑤ EDCU 接收到车门紧急解锁的相关信息，并传输给车载 ATP 系统和 TCMS 系统；

⑥ 司机室蜂鸣器发出响声，提醒驾驶员有车门被紧急解锁；

⑦ 车辆显示屏将显示被紧急解锁车门的信息。

3. 车门旁路

由于车门限位开关故障或车门故障造成车门联锁环路中断，关门灯不亮时，列车无法获得牵引授权以及 ATP 系统检测车门状态未关好。此时需要对车门进行旁路。车门旁路分为两种：旁路安全回路对牵引授权的影响和旁路 ATP 系统对车门的监控。

一般而言，车门牵引授权旁路与 ATP 对车门监控旁路同时进行，由一个车门旁路开关完成。操作车门旁路开关 02S13 置于“合”位，（附图 1202-04、附图 1202-18）会出现以下几种情况：

① 车门安全回路的状态不影响牵引授权指令的获得；

② ATP 系统不在对车门系统进行监控；

③ 车门可以正常开关。

任务实施

题号	习题（填空题每空 10 分，选择题每题 10 分，判断题每题 10 分）	评分
1	单节车门安全回路构成：	
2	全列车安全回路构成：	
3	车门切除操作步骤：	
4	车门紧急解锁后出现的结果是：	
5	车门安全回路断开对列车产生的影响是：	
	车门旁路的目的是：	
6	车门紧急解锁的目的是：	
总成绩		

项目六 AC10 型电客车整备电路认知

项目描述

本项目以电客车司机一次标准化作业环节——电气设备整备作业操作为学习情景，实施地点安排在电客车虚拟仿真实训室和电客车电气控制系统实训基地，以庞巴迪 AC10 型电客车电气设备、PPT、微课、视频为学习载体，构建车辆电气控制系统电路完整认知，整备操作及其故障处理。

本项目共四项学习任务，即“列车激活与休眠控制电路认知”“司机驾驶台解锁与锁闭控制电路认知”“受电弓升降弓控制电路认知”“高速断路器分合闸控制电路认知”

关键知识点：列车激活与休眠电路联锁、司机台解锁电路联锁、升降弓指令电路及升降弓电路联锁、高速断路器分合闸电路联锁。

关键技能点：列车激活/休眠操作、司机台解锁/关闭操作、正常升降弓操作/非正常升降弓操作、高速断路器分闸/合闸操作及其故障处理。

学习目标

1. 能正确描述列车激活与休眠电路联锁控制、解锁司机台电路联锁控制、升降弓指令电路及升降弓电路联锁控制及高速断路器分合闸电路联锁控制；

2. 能独立完成列车激活/休眠操作、司机台解锁/关闭操作、正常升降弓操作/非正常升降弓操作、高速断路器分闸/合闸操作；

3 能独立完成列车激活故障处理、司机台解锁故障处理、受电弓升降弓故障处理及高速断路器分合闸故障处理。

知识课堂

任务一 列车激活与休眠控制电路认知

一、列车正常激活

1. 列车激活概念

司机在进行列车操纵前，首先要通过操作列车总控开关 03S01 接通蓄电池接触器

（03K06），使蓄电池向全列车 DC 110 V 电路供电，这一过程称为列车激活。

2. 列车激活目的

列车激活目的是使蓄电池接触器闭合，由蓄电池向全列车 110 V 控制电路供电。

3. 列车激活的条件

蓄电池电压在 85 V 以上；
蓄电池充电器箱右盖关闭好；
蓄电池总线熔断器开关 03Q03 正常；
两个 C 车之间的车钩连接电路正常。

4. 操作设备

列车总控开关 03S01（位于司机室 A 设备柜内）。

5. 操作过程

① 打开 A 车设备柜；
② 旋转 03S01 至“合”位；
③ 蓄电池电压表 03P01 显示电压在 85 V 以上松手；
④ 03S01 回到中间位；
⑤ 电压保持在 85 V 以上，列车激活，操作完成。

二、列车正常激活电路分析

列车激活是由蓄电池给全列车 DC 110 V 控制电源线供电，DC 110 V 控制电源线由永久列车线和预备列车线构成。

1. 永久列车线（附图 1203-02）

无 DC 1 500 V 输入时，蓄电池 03Q03 输出电压在蓄电池充电机输出端+B 及+BN 在内部相通。当蓄电池总线熔断器开关 03Q03 闭合以后，由蓄电池 03G03 经 30255 线、蓄电池总线熔断器开关 03Q03-F03、30254 线、蓄电池充电机+B 端子、蓄电池充电机+BN 端子、蓄电池总线熔断器开关 03Q03-F01、二极管 03 V02、30272 线、“列车激活"微型断路器 03F05、03 V04 至 30252 线。

30272 线、30252 线不受任何接触器的控制，只要蓄电池电压正常，该线就保持有 DC 110 V 控制电压，因此， 30272 线、30252 线统称为“永久列车线”。

2. 欠压继电器 03K05 电路（附图 1203-02）

当蓄电池电压大于 85 V 时，欠压继电器 03K05 得电电路是：

03G03（+）·03Q03-F03 ·01G01（+B）·01G01 （+BN）·03Q03-F01 ·03F04 ·30263 ·03K12（33-34）· 30264 · 03K05 · 30281 · 03Q02 · 30258 · 03F03 · 30257 · 03G03（-）

3. 蓄电池继电器 03K06 电路（附图 1203-02）

继电器 03K05 线圈得电后，其常开触头 12-13 接通 03K06 线圈电路。其电路为：

03G03（+）• 03Q03-F03 • 01G01（+B）• 01G01（+BN）• 03Q03-F01 • 03F04 • 30263 • 03K1233-34）• 30264 • 03K05（12-13）• $\boxed{\text{03K06}}$ • 30281 • 03Q02 • 30258 • 03F03 • 30257 • 03G03（-）

4. 列车激活启动继电器 03K11 电路（附图 1203-03）

将列车总控开关 03S01 置“合”位，其常开触点 13-14 与 23-24 闭合，由 30252 线、列车总控开关 03S01 触点 23-24、列车激活继电器 03K12 常闭触点 61-62、列车休眠继电器 03K13 常闭触点 22-21 向列车激活启动继电器 03Kll、03K39 线圈电路供电。

5. 列车激活启动继电器 03K14 电路（附图 1603-04、附图 2003-04）

列车激活启动继电器 03Kll 线圈得电后，其常开触点 33-34 接通 30321 线，30321 线经 09Y02、09Y03、09Y04、09Y05，接通 C1 车 03K14 线圈电路，30321 贯穿全列车，同时接通 C2 车的 03K14。

6. 列车激活车钩电路检测继电器 09K05、09K01、09K02 电路（附图 1609-01、附图 2009-01）

车钩电路检测主要是检测两个 C 车之间的车钩连接电路是否正常。

1）09K05 电路

30252 • 09F01 • $\overline{\text{03K13}}$（21-22）• 90102 • C1 车 09Y06（X11-0014）• C2 车 09Y06（X11-0014）• 90125 • C2 车 09Y06（X20-0036）• C1 车 09Y06（X20-0036）• 03K14（43-44）• 90107 • C1 车 $\boxed{\text{09K05}}$

09K05 的 33-34 触点实现自锁。C2 车 09K05 线圈电路系统。

2）09K01 线圈电路

09K05 线圈得电后，其常开触点 43-44 闭合。其电路为：

30252 • C1 车 09F01 • $\overline{\text{03K13}}$（21-22）• C1 车 09Y06（13-14）• 90120 • $\overline{\text{09S01}}$（22-21）• 90131 • 09 V01 • 09K05（43-44）• 03K14（34-33）• 90124 • C1 车 $\boxed{\text{09K01}}$

09K01 的 33-34 触点实现自锁。C2 车 09K01 线圈也同时得电。电路中，09S01 是解钩按钮。

3）09K02 线圈电路

C2 车 09K01 线圈得电后，其常开触点 23-24 闭合。其电路为：

30252 • C2 车 09F01 • $\overline{\text{03K13}}$（21-22）• 09K01（23-24）• 90103 • C2 车 09Y06（0022）• C1 车 09Y06（X20-0022）• C1 车 09K01（14-13）• $\boxed{\text{09K02}}$

7. 蓄电池激活继电器 03K12 线圈电路（附图 2003-04、附图 1203-03）

09K01、09K02 线圈的得电后，其常开触点 09K01（53-54）与 09K02（54-53）闭合，解钩检测继电器 09K03 常闭触点（61-62）闭合，蓄电池启动激活继电器 03K14 常开触点（14-13）闭合，接通 30323 线路。其电路为：

30252 • 09K01（53-54）• 09K02（54-53）• $\overline{\text{09S03}}$（61-62）• 03K14（14-13）• 30323 线 • 09Y05（X01-0025）• …… • 09Y02 • 30323 • $\boxed{\text{03K12}}$

30323 线贯穿全列车，同时接通 C2 车的 03K12 线圈电路。

8. 03K11 与 03K12 自持电路（附图 1203-03）

当 03S01 置于中立位时，03S01 的所用触点处于断开位。

电流一路经 30252、03K12 常开触点 54-53、03Kll 常开触点 13-14、03K13 常闭触点 22-21，使列车激活启动继电器线圈 03K11 保持得电；另一路经 30252、03K12 常开触点 44-43、03K11 常开触点 23-24、列车激活继电器 03K12 线圈保持得电。此时 03K11、03K12 处于自持状态。

经 30252、03K12 常开触点 54-53 至蓄电池电压表 03P01，显示当前蓄电池电压。

9. 预备列车线 30271 电路（附图 1203-02）

03K12 得电闭合后，蓄电池开关主触点 03Q03-F01、“蓄电池开关”微型断路器 03F04、03K12 常开触点 33-34 向欠压继电器 03K05 线圈供电，若蓄电池电压大于 85 V，则 03K05 动作，其常开触点 13-12 闭合，使蓄电池控制继电器 03K06 线圈得电，03K06 闭合，经 03Q03-F02、03K06 主触头 01-02 至二极管 03 V03，向贯穿全列车的 DC 110 V 预备列车线 30271 电路供电。至此列车激活过程完成。

松开 03S01 后，03K12 线圈因自持始终有电，蓄电池保持向外供电。其电路为：

03G03（+）· 03Q03-F03 · 01G01（+B）· 01G01（+BN）· 03Q03-F02 · 03K06（01-02）· 03 V03 · 30271

30323 线供向另一单元 A 车，使该车 03K12 得电，从而闭合该车蓄电池接触器 03K06，实 现两端 A 车蓄电池向 DC 110 V 预备列车线冗余供电。

三、半列车激活控制

1. 半列车单元启动条件

① 蓄电池电压在 85 V 以上；

② 蓄电池充电器箱右盖关闭好；

③ 蓄电池总线熔断器开关 03Q03 正常；

④ 两 C 车车钩电路连接器已经解开。

2. 半列车单元激活操作（附图 1609-01）

一人按住 C 车设备柜内的“解钩”按钮 03S02，同时，另一人将总控开关 03S01 置“合”位， 直到蓄电池电压表电压显示稳定保持在 85 V 以上松手，半列车激活完成。

3. 电路分析（附图 1609-01、1203-04）

按下解钩按钮 03S02 后，两个 C 车 09Y06 断开。

① 09K03 线圈电路

30252 ·C1 车 09F01 ·$\overline{03K13}$（21-22）·09Y06（$\overline{S03}$）·$\overline{09K05}$（52-51）·03K14（24-23）·03S02（13-14）· $\boxed{09K03}$

同时司机驾驶台解钩按钮灯亮。

2）30323 线电路

电流经 30252 线、09K01 常闭触点 61-62、09K02 常闭触点 62-61、09K03 常开触点 52-54、03K14 常开触点 14-13、“列车激活保持”列车线 30323 得电。其余电器动作与正常激活过程相同。

这样设计的好处是：

当车被分开时，蓄电池不会被自动切断。

② 当车钩电路连接器被正确地断开时，能阻止三车单元重新联挂（有损坏车钩电路连接器的危险）。

③ 防止两三车单元之间意外分离时损坏风挡。

四、列车休眠

1. 操作目标

使蓄电池接触器 03K06 断开，蓄电池停止向列车 DC 110 V 电路供电。

2. 操作设备

列车总控开关 03S01（位于司机室 A 设备柜内）。

3. 操作方法

在高速断路器处于分闸、受电弓处于降弓、司机台未解锁状态时，将总控开关 03S01 置于“分”位，蓄电池电压表 03P01 显示为 0 V，列车休眠。

4. 列车休眠电路分析（附图 1203-03、附图 1603-04、附图 2003-04）

当 03S01 置于“分”位，03S01 触点 33-34 闭合。

1）列车休眠继电器 03K13 电路

30252 · 03S01（33-34）· A1 03K13 · 30322 · A2 车 03K13

2）休眠电路

03K13 常闭触点 22-21 断开，O3K11 线圈失电，使 03K11 与 03K12 失去自持，03K12 失电。03K12 失电后，其常开触头 33-34 断开蓄电池接触器 O3KO6 线圈。03K06 主触头 01-02 切断 DC110 V 预备列车线电路，列车休眠完成。

此外，30322 线另一路经车钩电路连接器传送到 C 车，使 C 车休眠继电器 03K13 得电，其常闭触点断开车钩检查继电器 09K01 线圈供电，再由 09K01 常开触头 53-54 断开车钩检查继电器 09K02 线圈供电，确保全列车 30323 线失电。其电路为:

30252 · 03S01（33-34）· 30322 线 · C1 车 03K13 · C2 车 03K13

五、典型案例（表 6-1-1）

表 6-1-1　列车激活与休眠故障典型案例

序号	故障现象	故障处理步骤	操作设备位置
1	蓄电池电压表 03P01 电压显示 0 V	第一步，检查操纵端 A 车微型断路器 03F05、C 车 09F01 状态，若跳闸，复位微型断路器； 第二步，将总控开关置于“合”位，观察 03P01 电压	03F05、03S01、03P01 位于司机室设备柜； 09F01 位于 C 车设备柜
2	蓄电池电压表 03P01 电压低于 85 V	① 无电有气升弓程序进行升弓； ② 按无电无气程序升弓	

任务实施

1. 完成以下问题

题号	习题（填空题每空 10 分，选择题每题 10 分，判断题每题 10 分）	得分
1	01G01 名称是________；03G03 名称是________； 03Q03 名称是________；30271____________	
2	03K05 的作用是：	
3	03F04 中 03 代表_________；字母 F 代表________	
4	03K06 的名称是_____________； 03K06 的线圈电路：	
5	30252 得电的条件是_________ A.03F05 正常位；B.蓄电池电压＞85 V　C. 03F04 正常位	
6	汇流排 03Q02 汇集了 03G03、__________线、_____线及 01G01 的负极。	
7	列车激活的实质是：	
8	列车激活操作是将列车总控开关_______置于合位	
9	03K11 名称是________，线圈电路：	
10	03K14 名称是________，线圈电路：	
11	09K05 名称是________，线圈电路：	
12	09K01 名称是________，线圈电路：	
13	09K02 名称是________，线圈电路：	
14	03K12 名称是________，线圈电路：	
15	判断题：列车激活后列车总控开关在中立位时，30321 与 30323 均失电。 对□　　错□	
16	列车激活后列车总控开关在中立位时， A1 车 03K12 电路： A2 车 03K12 电路：	
17	03K13 名称是________ 列车休眠电路：__________________________	
18	半列车激活电路：	
19	蓄电池电压大于 85 V 列车无法正常激活的原因是：	
20	列车激活的标志是 03P01 显示蓄电池电压大于________V。	
总成绩		

2. 列车无法正常激活故障诊断

序号	知识点	列车无法激活故障诊断（每项 20 分）
1	列车激活目的	
2	列车激活操作	
3	列车有效激活现象	
4	列车激活影响因素	
5	故障诊断流程设计	
评价得分		

3. 列车无法正常激活电气故障处理实操

步骤	设备名称	设备状态（每项 5 分）	技术状态（每空 5 分）	是否正常(每题 5 分)
故障现象	蓄电池电压表		蓄电池电压表正常显示为________	是□　　否□
	A 车微型断路器 03F05		微型断路器向上为________ 微型断路器向下为________	是□　　否□
	A 车微型断路器 03F04		微型断路器向上为________ 微型断路器向下为________	是□　　否□
	C 车微型断路器 09F01		微型断路器向上为________ 微型断路器向下为________	是□　　否□
故障诊断（5 分）	列车无法正常激活的原因是			
排故实施（5 分）				
评价得分				

知识课堂

任务二　司机驾驶台解锁与锁闭控制电路认知

司机驾驶台的解锁是在列车激活，预备母线得电后，由司机室钥匙开关进行控制的。当司机室钥匙开关接通后，驾驶台激活，司机方可以继续操作驾驶台设备。

一、司机驾驶台解锁目的及操作方法

1. 解锁目的

（1）确立控制端，确保一个司机室驾驶台被解锁，另外一个司机室驾驶台不能被使用（除紧急停车按钮）。

（2）解锁驾驶台，为进一步控制列车做准备。

2. 解锁条件

（1）列车激活。

（2）另一个司机驾驶台未被解锁。

3. 解锁操作方法

把主控钥匙（78#）由“0”位插入钥匙开关（02 A01-S01），然后转到“1”位，司机台开始启动。

4. 驾驶台有效解锁现象

（1）驾驶台 HMI 显示屏为白色。

（2）降弓指示灯 02S02 呈红色。

（3）高速断路器分闸指示灯 02S03 呈红色。

5. 司机台激活后自动启动的设备

① 牵引控制单元 DCU；② 列车主控制单元 VCU；③ ATC；④ 列车无线电通信；⑤ 乘客信息系统 PIS；⑥ 门控制系统；⑦ 火灾和烟雾探测系统；⑧ 司机台显示。

6. 司机台激活后可进行的操作

① 升弓或降弓；② 高速断路器（HSCB）合与分；③ 缓解或施加停放制动；④ 自动车钩解钩；⑤ 集控门的开、关；⑥ 鸣笛；⑦ 司机台阅读灯与仪表开关；⑧ 空调控制。

二、电路分析（附图 1202-01）

当列车激活后，列车预备母线 30271 则有 DC 110 V 电压。当 02F01 处于合位，当司机台主控锁转至启动位，则使 02 A01 的 S01 行程开关闭合，通过 02K07 常闭触点 52-51，使 02K01、02K02、02K03、02K04、02K05、02K31 占有继电器得电。02K01 得电后 02K01 常开触点 14-13 闭合，时上述继电器自持得电，向列车控制系统供电，列车控制计算机（VCU）启动， 激活端的 2 个彩色显示器点亮，司机台解锁完成。

当启动司机室的这些继电器激活后，列车控制线（20107）由继电器 02K01 触点 33-34 接通。所以 A 车的 02K07 车辆控制继电器通过这条列车控制线被接通。由于该线为贯穿到另一端 A 车司机室，并直接使另一端 A 车司机室的 02K07 继电器得电，使其 61-62 触点断开，则另一端 A 车司机室的 02K01-02K05 不能得电，这样即实现了防止另一个司机室被激活的功能。

1. 列车启动继电器控制

由预备列车线正端线 30271 提供 DC110 V，02K01～02K031 列车控制启动继电器得电，控制逻辑为：

30271 · 02F01 · 20100 · 02 A01（-S01）· 02S42（__________）$\overline{\text{02S42}}$ · 02 V01 · 02K07（__________）$\overline{\text{02K07}}$（51-52）·（$\boxed{\text{02K01}}$+$\boxed{\text{02K02}}$+$\boxed{\text{02K03}}$+$\boxed{\text{02K04}}$+$\boxed{\text{02K05}}$+$\boxed{\text{02K31}}$）· 30281

2. 车辆启动继电器控制

驾驶台被激活，A 车的 2K07 得电，控制逻辑为：

① 20100　02K01（33-34）· 02 V03　$\boxed{\text{02K07}}$ · 30281

② 20107　09Y02（X01-0001）· 09Y03（X01-0001）· 09Y04（X01-0001）· 09Y05（X01-0001）09Y06（X01-0001）另一单元· 09Y06（X01-0001）～09Y02（X01-0001）· $\boxed{\text{02K07}}$

3. 驾驶台互锁控制

当一端驾驶室钥匙开关 02 A0l-S01 置于“1”位，A 车 02K07 的常闭触头（51-52）被 02K01 的常开触头旁路，列车控制启动继电器 2K01～2K31 处于自锁吸合状态。

另一端驾驶室，钥匙开关 02 A0l-S01 的作用无效。

此时即使钥匙开关 02 A01-S01 闭合，由于车辆控制继电器 02K07 已吸合，其常闭触头（51-52）断开，各列车控制启动继电器 2K01～2K31 不能得电。

线路联锁设计保证了列车只允许一端驾驶室操作，两端驾驶室不能同时使用，避免引起电气动作紊乱，使列车安全失去保障。互锁逻辑图如图 6-2-1 所示。

三、换端操作

1. 司机台关闭

在当前司机台激活的司机室里：

（1）按下副司机台上的按钮 02S06（停放制动施加），对列车施加停放制动。

（2）旋转主控制器上的钥匙开关（02 A01-位置 3）到“0”位，锁闭该司机台。

此时，① 列车保持激活，预备母线处于得电状态；② 受电弓保持升起状态；③ HSCB 保持接通状态；④ 客室车门保持原来状态。

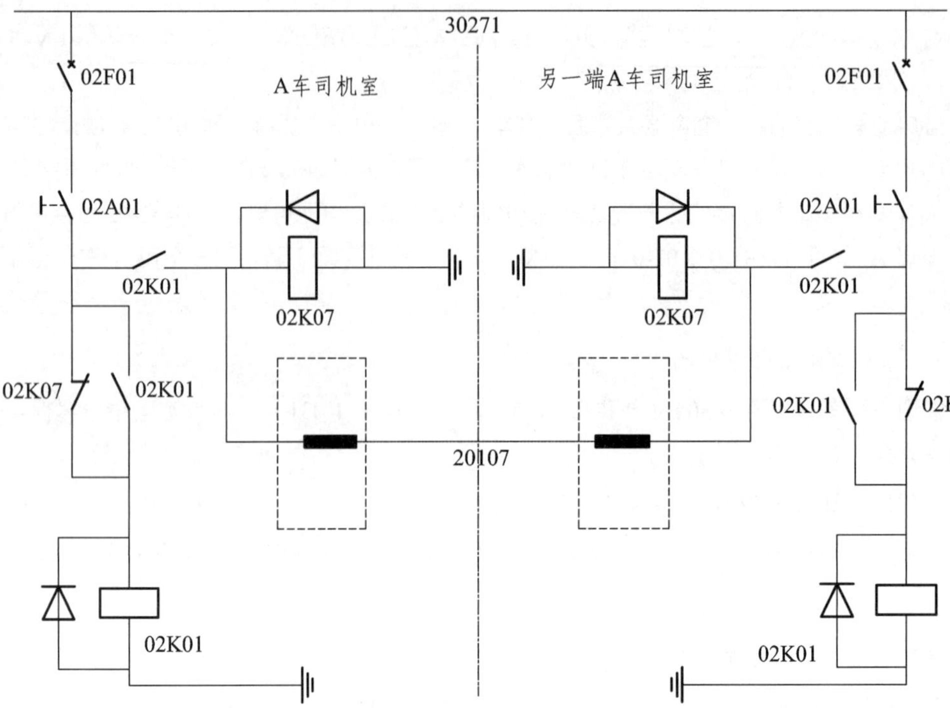

图 6-2-1　驾驶台互锁控制逻辑

2. 换端操作

进入另一个司机室。

（1）把主控钥匙（78#）插入钥匙开关（02 A01-位置 3），把主控制器上的钥匙开关旋转到位置“1”，解锁司机台。

（2）按下按钮 02S05（停放制动缓解），缓解列车停放制动。

注意，在锁闭和解锁司机室驾驶台之间的时间最少要 10s，防止 DCU 的电源模块可能发生故障。

四、司机台激活故障处理

若接通主控开关（78#钥匙），但人机界面仍保持黑屏，同时降弓指示灯和高速断路器分闸指示灯不亮，说明司机台解锁不成功。

分析驾驶台激活影响因素

① A 车设备柜 02F01 是否在正常位；

② 单一司机室旁路开关 02S42 是否在开位；

③ 钥匙开关 02 A01（-S01）是否在 1 位；

④ 检查 A 车设备柜上用于 MMI 供电的“TCC 电源”微型断路器 04F01 是否则跳闸。

排除故障流程图 6-2-2 所示。

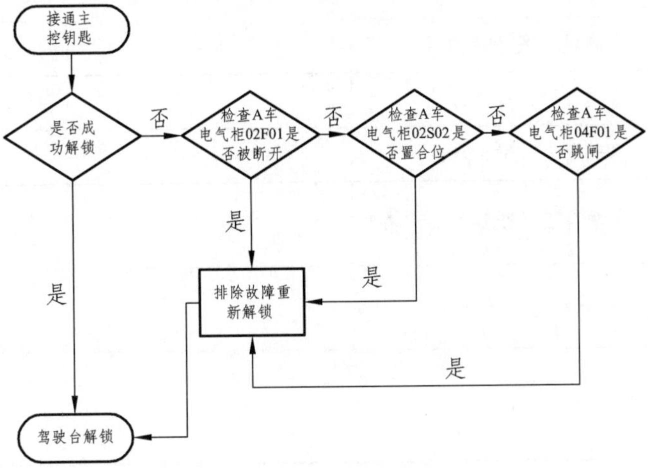

图 6-2-2　驾驶台解锁排故流程

任务实施

1. 学习相关知识，完成以下问题

题号	习题（填空题每空 10 分，选择题每题 10 分，判断题每题 10 分，简答题每题 10 分）	得分
1	司机驾驶台解锁操作是将 02 A01（-____）置于 1 位。	
2	02S42 的名称是_______，正常状态处于_____位。（A. 闭合　　B. 断开）	
3	司机驾驶台解锁成功的标志是：	
4	司机驾驶台解锁的目的是：	
5	司机驾驶台解锁电路：	
6	能实现司机驾驶台互锁的继电器是_______。 A. 02K02　　B. 02K07　　C. 03K06	
7	判断：换端操作时，需要降弓。 对□　　错□	
8	司机驾驶台解锁不成功的原因是	
总成绩		

2. 学习相关知识，进行驾驶台无法激活故障诊断

序号	知识点	驾驶台无法正常激活故障诊断（每题20分）
1	驾驶台激活目的	
2	驾驶台激活操作方法	
3	驾驶台有效激活现象	
5	影响驾驶台正常激活影响因素	
6	故障诊断流程设计	
评价得分		

3. 驾驶台无法正常激活电气故障处理实操

步骤	设备名称	设备状态（每空5分）	技术状态（每空5分）	是否正常（每题5分）
故障现象	HMI 车辆屏		HMI 车辆屏正常显示为______	是□ 否□
	A 车微型断路器 02F01		微型断路器向上为________ 微型断路器向下为________	是□ 否□
	A 车单一司机室旁路开关		微型断路器向上为________ 微型断路器向下为________	是□ 否□
	降弓按钮灯 02S02		降弓按钮灯 02S02 显示为_____	是□ 否□
	高速断路器分闸按钮灯 02S03		高速断路器分闸按钮灯 02S03 显示为________	是□ 否□
故障诊断（5分）	驾驶台无法正常激活的原因是			
排故实施（5分）				
评价得分				

知识课堂

任务三　受电弓升降弓控制电路认知

一、受电弓的安装位置

受电弓通过支持绝缘子安装在地铁列车 Mp 车的车顶二位端上，如图 6-3-1 所示。通过弓头上的滑板与接触网接触。在“工作”位置上，受电弓在车顶的部分都处于带电状态，仅在对车顶的机械接口和气路接口处是电气绝缘的。

图 6-3-1　受电弓安装位置

二、气囊式受电弓升降弓气路

气囊式受电弓升弓动力来源与气囊组装中冲入压缩空气，气囊组装的气源用绝缘气管经受电弓的控制箱和安装在车内的电磁阀连接到总风缸，如图 6-3-2 所示。

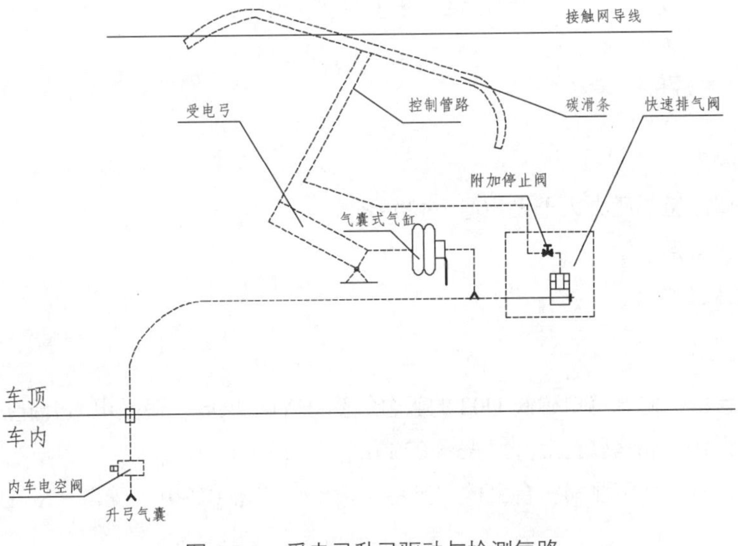

图 6-3-2　受电弓升弓驱动与检测气路

安装在受电弓底架上的受电弓控制箱主要有控制箱体、过滤器、调压阀、单向节流阀、精密调压阀和安全阀等组成，如图 6-3-3 所示。升降弓电磁阀 1 用于控制升降弓气路通断；空气过滤器 2 用于可提高升弓气源的质量；单向节流阀 3/6 用于调整升降弓时间；精密调压阀 4 用于调节受电弓静态接触压力；压力表 5 实时显示受电弓的工作压力；安全阀 7 是在精密调压阀出现故障具有保护气路的作用；压力开关 8 用于弓网故障出现漏风时向 VCU 发送高电平信号，保证牵引主回路先断主断再降受电弓，防止受电弓带负荷脱离接触网线，压力开关还用来检测气囊中的气压，并可输出升降弓到位的信号。

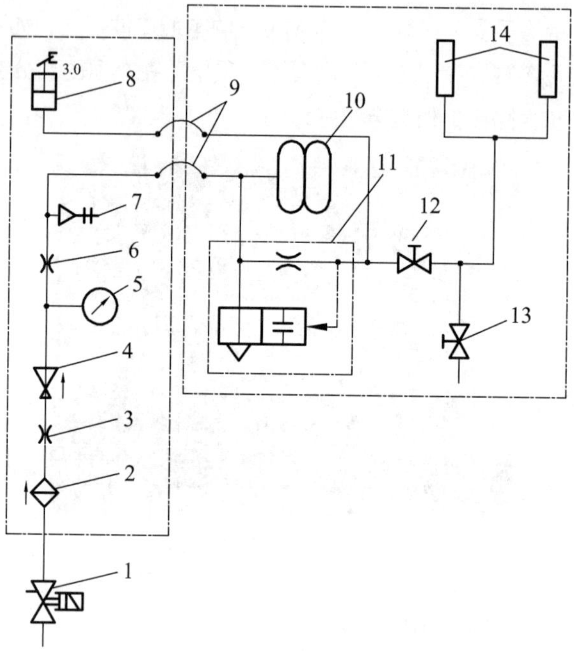

1—升弓电空阀；2—空气过滤器；3—升弓节流阀；4—调压阀；5—压力表；6—降弓节流阀；7—安全阀；8—压力开关；9—空气绝缘软管；10—气囊；11—快排阀；12—ADD 关闭阀；13—ADD 试验阀；14—碳滑板。

图 6-3-3　受电弓气路控制原理

三、升弓控制

1. 升弓条件

① 总风管（缸）压力大于设定值（400 kPa）;

② 列车已激活;

③ 驾驶台已解锁。

2. 升弓操作

① 操作目标：向升弓电磁阀 U02 的吸合线圈 02Y01 供电，使受电弓升起。

② 操作设备：副驾驶台上升弓按钮 02S01。

③ 操作方法：按下副司机台上的“升弓”指示灯按钮 02S01，受电弓应在 8 s（可调）内升起。

四、升弓电路分析

1. 升弓指令控制电路

升弓操作时，首先司机室应被激活（02K04 得电），然后操作 02S01 “受电弓升弓按钮”（02S02 “受电弓降” 处于常闭位置），“受电弓升” 列车控制线则被接通；该线将使 B 车的继电器 02K31 闭合。

1）升弓指令 20405 线电路（附图 1202-04）

由预备列车线正端线 30271 提供 DC110 V，升弓列车线 20405 得电，控制逻辑为：

30271 · 02F02 · 02K04 ·（13-14）· $\overline{\text{02S02}}$（21-22） · 02S01（13-14） · 20405；

2）升弓启动继电器 02K31 控制电路（附图 1402-02）

20405 · 09Y02（-X01-0015）· 09Y03 · 20405 · $\boxed{\text{02K31}}$

2. 升弓保持继电器 02K33 控制电路与升弓电磁阀 02Y01 控制电路（附图 1402-02）

02K33 和 02Y01 得电的条件：

1）02K19 继电器得电（“紧急断开安全回路” 没有中断或 “紧急停车按钮” 没有被按下）；

2）07K04 受电弓升弓使能信号继电器得电。

3. 当车间电源插座盖未打开，车间电源插座盖继电器 02K46 线圈电路（附图 1402-12）

30271 · 02F03 · 20200 · 02 V21 · 01 A01（X10-（14-13））· 21241 · $\boxed{\text{02K46}}$

4. 受电弓升弓使能信号继电器 07K04 线圈电路附图（1402-06、附图 1407-01）

02K46 线圈得电后，其常开触头 13-14 闭合，由微型断路器 02F40 接入 30271 控制电源使受电弓升弓使能信号继电器 07K04 得电。

30271 · 02F40（01-02）· 20630 · 01 A01 $\overline{\text{X10}}$ · 02K46（13-14）· $\boxed{\text{07K04}}$

5. 02K33 与 02Y01 线圈电路（附图 1402-02）

在紧急安全回路得电状态下，02K31 触点 13-14、02K19 常开触点 13-14、07K04 常开触点 13-14 先后接通 20K33 与 02Y01 线圈电路。

30271 · B 车 02F03 · 07K04（13-14）· 02K19（13-14）· 02K32（21-22）· 02K31（13-14）02 V19 · $\boxed{\text{02K33}}$

02K33 通过其自身触点 13-14 自持。通过触点 02K33（24-23）触点激活 02Y01 电磁阀，受电弓就可以被压缩空气推动升弓。

30271 · B 车 02F03 · 07K04（13-14）· 02K19（33-34）· 02K33（23-24）· 02 V17 · $\boxed{\text{02Y01}}$

五、安全环路控制

1. 安全环路的构成

为了使列车具备断钩保护功能，专门设置了一条列车安全回路（110 V 硬连接线电路），利用列车安全回路与制动系统的紧急阀配合，当发生列车分离等事故时，安全回路断路，使 “紧急制动” 列车线激活（失电），导致制动控制单元 BCU 的紧急电磁阀失电（或 EP2002 阀内的紧急电磁阀失电），如图 6-3-4 所示，进而引起列车紧急制动作用。

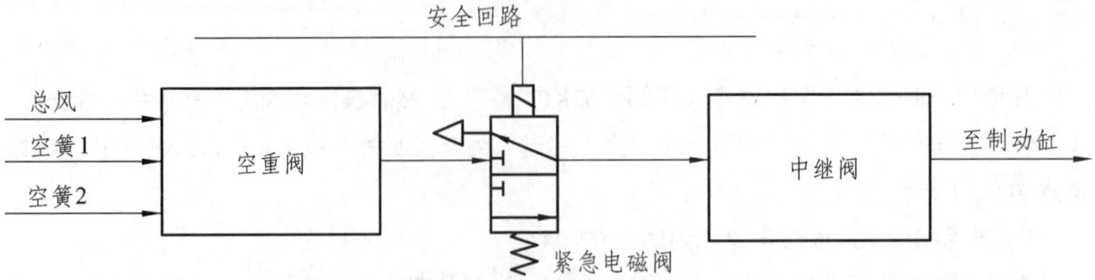

图 6-3-4　紧急制动控制原理

列车安全回路是贯通全列车的环回电路，并将车钩联锁触点 09Y03-S01 与 09Y03-S02、紧急停车按钮 02S07 或 02S08 等安全相关部件串联在电路中，当电路中任意一点断开，都会会引起安全回路断路，从而触发紧急制动。

2. 安全环路电路分析（附图 0802-05、附图 1002-02）

1）紧急安全回路 1——20535 线（附图 1202-05、附图 1402-05、附图 1602-02、附图 2002-02）

假设列车 A1 车为激活端（当闭合 03S01 激活列车，即闭合蓄电池时，激活端 03K11 得电），A1 车列车控制继电器 03K11 线圈得电，A2 车 03K11 线圈失电。电流经由预备列车线 30271、“司机室启动”微型断路器 02F01（A1）、20100 线、列车控制继电器 03K11 常开触头 54-53、20501 线、司机台“紧急停车"按钮 02S08、副司机台“紧急停车”按钮 02S07、20505 线、B1 车车钩电路连接器监视开关（09Y03-S01、09Y03-S02、09Y04-S02、09Y04-S01）、20535 线、B1 车车钩电路连接器 09Y04（X01-0009）、C1 车车钩电路连接器 09Y05（X01-0009）、20535 线、（若 6 车编组的两 C 车半自动车钩连接正常）C1 车车钩电路检测继电器 09K01（83-84）、C1 车解钩电路检测继电器 09K03（72-71）、20508 线、C1 车车钩电路连接器监视开关 09Y06-S02 与 09Y06-S01、20508 线、C2 车车钩电路连接器 09Y04（X01-0009）、20508 线、C2 车解钩电路检测继电器 09K03（72-71）、C2 车车钩电路检测继电器 09K01（83-84）、20535 线、C2 车车钩电路连接器 09Y05（X01-0009）、B2 车车钩电路连接器 09Y04（X01-0009）、20535 线、B2 车车钩电路连接器监视开关（09Y04-S01、09Y04-S02、09Y03-S02、09Y03-S01）、20505 线、09Y03（X01-0017）、A2 车 09Y02（X01-0017）、A2 车 02S07、A2 车 02S08、20501 线至 A2 车 03K11（61-62），一路经零速继电器 02K11 接通本车（A1 车）的紧急制动继电器 02K10 线圈电路（当列车速动到达 0.5 km/h 时，02K11 线圈失电，02K10 常开触点 84-83 短接 20506 与 20507 线，实现自持）。

$\text{20501} \cdot \overline{\text{03K11}}\ (\text{61-62}) \cdot \text{02K11}\ (\text{24-23}) \cdot \text{20507} \cdot \boxed{\text{02K10}}$

贯穿全列车的 20535 统称为紧急安全回路 1。

2）紧急安全回路 2——20506 线（附图 1202-05、附图 1402-05、附图 1602-02、附图 1402-03）

另一路至 20506 线，20506 线贯通全车车，至 B2 车的 20506 线接通紧急停车继电器 02K19 线圈电路；至 B1 车的 20506 线接通紧急停车继电器 02K19 线圈电路（附图 1402-03）；至 A1 车的零速继电器 02K11 常开触头 24-23、经 20507 线使紧急继电器 02K10 线圈得电。

$\text{20501} \cdot \overline{\text{03K11}}\ (\text{61-62}) \cdot \text{20506} \cdot \text{B2 车}\ \boxed{\text{02K19}} \cdot \text{20506} \cdot \text{B1 车}\ \boxed{\text{02K19}} \cdot \text{20506} \cdot \boxed{\text{02K10}}$

贯通全列车的 20506 线电路称为安全回路 2。

3. 安全回路的保护作用

当安全回路 2 正常得电时，紧急继电器 02K10 得电自持。

当安全回路中断时，如按下紧急按钮 02S08，02K10 失电，列车发生紧急制动。

若停车过程中，安全回路恢复，由于零速继电器 02K11 的作用，02K10 不能马上恢复得电。只有当列车速度降到 0.5 km/h 以下时，v =0 列车线 20512 使 02K11 得电，此时，02K11 常开触点 24-23 使 02K10 得电，紧急制动列车线恢复为高电平，即一旦发生安全回路断路，必须等待列车停稳后，才能解除紧急制动状态。

安全回路失电后，通过 A 车紧急继电器 02K10（A）使所有高速断路器跳闸列车线（TC ALL HSCB OFF）20322 失电，引起高速断路器紧急跳闸（附图 1202-04）。

安全回路失电，还使 B 车紧急继电器 02K19 失电，从而切断升弓保持继电器 02K33 （B 车）的供电，使受电弓紧急落下。

4. 安全回路断开因素

（1）人为按下紧急停车按钮 02S08 或 02S07。需要注意的是，在非操纵端按下紧急停车按钮，同样引起安全回路中断，产生紧急停车。

（2）A 车全自动电子钩头、两 C 车之间的半自动电子钩头、A 车与 B 车及 B 车与 C 车之间的车钩电路连接器有接触故障或断线。

（3）C 车电子柜“车钩监视”09F01（C 车）微型断路器跳闸，造成继电器 09K05（C 车）、继电器 09K01（C 车）、“所有联挂”继电器 09K02（C 车）失电， 或 3 车编组时使解钩继电器 09K03（C 车）失电，引起安全回路中断。

六、降弓操作

（1）操作目标：使 02Y01 失电，受电弓降。

（2）操作设备：副驾驶台上降弓按钮 02S02。

（3）操作方法：按下副司机台上的“降弓”指示灯按钮 02S02，受电弓应在 7 s（可调）内降落。

七、降弓电路分析

1. 降弓指令控制电路

由预备列车线正端线 30271 提供 DC 110 V，降弓列车线 20406 电，控制逻辑为：

30271 · 02F02 · 02K04 （13-14）· 02S02（13-14）· 20406

注：02K04 在这里的作用是当司机操纵台关闭时不能通过按压降弓按钮降弓。

2. 升降弓启动继电器 02K32 控制电路

“受电弓降”列车控制线 20406 被接通，并通过该控制线传递到 B 车的 02K32 继电器，使其闭合接，控制逻辑为：

20406 · 09Y02（-X01-0016） · 09Y03 · 20406 · [02K32]

同时降弓启动继电器触点 02K32（21-22）和 02K32（31-32），切断 02Y01 阀和 02K33 继电器，02Y01 失电，受电弓升弓气路被断开，同时电磁阀将受电弓气囊内的高压空气排向大气，这样受电弓就会降到最低的端部位置。

同样，当 02K19 或 07K04 失电后，受电弓也将降弓。

八、升降弓检测

1. 升弓检测（附图 1202-19、附图 1402-02）

当受电弓升起，离开位置传感器 02B07 时，01-02 脚断开 04 A15 的-X12 号插座的 2 脚输入，输入位“DI08”置“O”，此信号通过 MVB 传送到 VCU 中，检测到当两 B 车受电弓状态相同时，VCU 向 A 车的 DX 模块 04 A15 的“DO1R”位发送置“1”指令，并通过 6 脚输出到 21905 线，使升弓按钮 O2S01 绿灯点亮。

因此，当按钮 O2S01 绿灯亮时，表示整列车的两台受电弓升起。但是，“升弓”并不意味着受电弓已接触到电网，它只说明离开“落下锁定”位置。必须通过 TCMS-MMI 上的网压指示确认受电弓是否已接触到电网。

若有一台受电弓未离开落弓位，则 VCU 通过 DX 模块发送给 21905 线的电平为低电平，02S01 灯熄灭；如果六车编组的列车在激活端的升弓按钮和降弓按钮指示灯均不亮，则说明两台受电弓处于不同的位置，或者一台受电弓被 B 车设备柜中的 MCB02F03 局部切除。

另外，升弓时，经升弓保持继电器 02K33 常开触点 33-34 向 B 车 DX 模块 04 A15 的 4 脚发送升弓信号，用于升弓故障检测，当 VTCU 能接收到该信号，但受电弓不升起（未收到 02B07 断开信号）时，给出故障判断信息。

2. 降弓检测（附图 1202-19、附图 1402-02）

通过位置传感器 02B07 检测降弓位置。当受电弓接近 02B07 时，其接点 01-02 接通，“受电弓降下”信号通过 B 车 DX 模块 04 A15 的-X12 号插座的 2 脚使 DX 模块的 DIO8 位置“1”，该信号通过 MVB 总线传送到 VCU，VCU 检测到两 B 车受电弓均落下时，发送一个信号到 A 车 DX 模块 04 A15，使 04 A15 的 DO2R 位置“1”，并由 04 A15 的 5 脚输出高电平信号到 21904 线，降弓按“02S02”红灯点亮。

只要有一台受电弓状态未降到位，VCU 就使 04 A17 的 DO2R 位置“0”，21904 为低电压，02S02 灯熄灭。

九、典型案例

现象	处理建议	说明
两个受电弓降下	检查紧急按钮是否按下，若按下则进行复位； 检查操纵端司机室设备柜 2F01 是否跳闸，若跳闸，则复位微型断路器（否则换端检查）； 如上述检查后确认微型断路器均正常，再次尝试升弓，如受电弓工作正常，则运行到终点站退出服务，如受电弓不能升起则请求救援。	操纵端 02F01 跳闸同时会导致 MMI 黑屏； 紧急按钮按下后会出现“启动联锁”和“紧急按钮被按下”的故障条目。

任务实施

1. 无法正常升弓故障诊断

序号	知识点	无法正常升弓故障诊断（每题20分）
1	受电弓升弓目的	
2	升弓操作方法	
3	升弓有效现象	
4	影响升弓因素	
5	故障诊断流程设计	
评价得分		

2. 受电弓无法正常升弓电气故障处理实操

步骤	设备名称	设备状态（每空5分）	技术状态（每空5分）	是否正常（每题5分）
故障现象	HMI车辆屏		HMI车辆屏正常显示为________	是□　否□
	A车微型断路器02F01		微型断路器向上为________ 微型断路器向下为________	是□　否□
	A车微型断路器02F02		微型断路器向上为________ 微型断路器向下为________	是□　否□
	B车微型断路器02F03		微型断路器向上为________ 微型断路器向下为________	是□　否□
	B车微型断路器02F40		微型断路器向上为________ 微型断路器向下为________	是□　否□
	紧急停车按钮02S07		紧急停车按钮02S07位置为_______	是□　否□
	紧急停车按钮02S08		紧急停车按钮02S08位置为_______	是□　否□
故障诊断（5分）	受电弓无法正常升弓的原因是			
排故实施（5分）				
评价得分				

3. 无法正常降弓故障诊断

序号	知识点	无法正常升弓故障诊断（每题20分）
1	受电弓降弓目的	
2	降弓操作方法	
3	降弓有效现象	
4	影响降弓因素	
5	故障诊断流程设计	
评价得分		

4. 受电弓无法正常降弓电气故障处理实操

步骤	设备名称	设备状态（每空5分）	技术状态（每空5分）	是否正常（每题5分）
故障现象	HMI车辆屏		HMI车辆屏正常显示为________	是□　否□
	A车微型断路器02F02		微型断路器向上为________ 微型断路器向下为________	是□　否□
故障诊断（5分）	受电弓无法正常升弓的原因是			
排故实施（5分）				
评价得分				

5. 非正常降弓

<table>
<tr><td colspan="2">小组讨论，列写出非正常降弓的原因：
（20 分）</td></tr>
<tr><td>评价得分</td><td></td></tr>
</table>

知识课堂

任务四　高速断路器分合闸控制电路认知

高速断路器是连接牵引电源（DC 1500 V/DC 750 V）与牵引系统的线路断路器，能快速分、合高压大电流主电路，对牵引系统实施过载与短路保护。当流过 HSCB 的电流大于 1500 A 时，高速断路器主触头自动断开；紧急状态下高速断路器可切除动力。

一、高速断路器合闸操作

1. 高速断路器的合闸准备

（1）司机台已解锁（02K04 常开触头 83-84 闭合）。

（2）受电弓已升起（通过 DX 模块检测并向 VCU 发送）。

（3）高速断路器已分闸（02S03 红灯亮）。

2. 高速断路器合闸操作

（1）操作目标：控制 HSCB 线圈，进行合闸操作，HSCB 主触头闭合。

（2）操作设备：高速断路器“合闸”按钮 02S04。

（3）操作方法：按下副司机台上的高速断路器“合闸”按钮 02S04，闭合 HSCB，当全车的 4 个 HSCB 闭合后，02S04 指示灯点亮。

二、合闸电路分析

1. 合闸指令电路（附图 A1-Car 0602-04、附图 A1-Car 0802-02 ）

当司机室被激活（02K04 得电）时，按压副司机台上 02S04 按钮 （02S03 按钮触点处于常闭位置） ，则“主断合”列车控制线（“HSCB ON”）20407 被接通，“主断合”指令经 B 车的 09Y03 的 20407 线到达 DX 模块 04 A15 的 X04 插头的 Z20 脚，经 MVB 总线（多功能车辆总线）向 VCU（车辆控制单元）发送合闸指令。其控制逻辑为：

30271 ·02F03（01-02）·02K04（83-84）· $\overline{\text{02S03}}$ （21-22）·02S04（13-14）·20407 ·09Y02（-X02-0018）· 09Y03 （-X02-0018）· 20407 · 04 A15 （-X04-Z20）

2. 合闸过程（附图 B1-Car 0802-14、附图 B1-Car 0802-03）电路

（1）LCB1 合闸保持继电器（LCB1 HOLD）线圈电路。

VCU 接收到合闸指令后，经 MVB 总线向 B 车 PH 箱内的 DX 单元发出合闸启动指令，由 PH 箱内 DX 单元的 X04 插头的 Z02 脚、PH 箱 X10 插座的 07 号脚、20325 线、PH 箱 X07 插座的 05 号脚、MCM 线路跳闸继电器（MCM LINE TRIP）常开触头、紧急制动保护继电器（E MERGENCY TRIP）常开触头向 LCB1 合闸保持继电器（LCB1 HOLD）线圈供电。其控制逻辑为：

VCU · MVB · B 车 01 A01 · DX（X04-Z02）· 01 A01（X10-07）· 20325 · 01 A01（X07-05）· MCM LINE TRIP · 01 A01（X07-06）· 20326 · 01 A01（X10-08）· EMERGENCY TRIP · LCB1 HOLD

（2）LCB1 合闸闭合继电器（LCB1 CLOSE）线圈电路。

VCU 接收到合闸指令后，经 MVB 总线向 B 车 PH 箱内的 DX 模块发出合闸启动指令，由 PH 箱内 DX 模块的 X04 插头的 Z06 脚使 LCB1 闭合继电器（LCB1 CLOSE）得电。其控制逻辑为:

VCU · MVB · B 车 01 A01 · DX（X04-Z06）· LCB1 CLOSE

（3）LCB1 线圈电路。

LCB1 合闸保持继电器得电后，由预备列车线 30271、B 车设备柜高速断路器的微型断路器 02F04、PH 箱 X10 插头 03 号脚、LCB1 闭合继电器（LCB1 CLOSE）常开触头/限流电阻、LCB1 合闸保持继电器（LCB1 HOLD）常开触头、LCB1 电磁线圈得电，LCB1 闭合。其控制逻辑为:

30271 · 02F04 · 20320 · 01 A01（X10-03）· LCB1 CLOSE（常开）· LCB1 HOLD（常开）· LCB1

3. 合闸保持电路

高速断路器 LCB1 电磁线圈闭合（闭合指令持续 0.5 s）后，其联锁触头闭合，向 DX 模块 X04 插头 D20 脚输入高电平，此信号经 MVB 传送至 VCU。其控制逻辑为:

+110 V · LCB1（常开）· 01 A01 · DX（X04-D20）· MVB · VCU

VCU 返回一个低电平指令，通过 PH 箱内 DX 模块的 X04 插头的 Z06 脚输出“0”信号，使 LCB1 闭合继电器失电，LCB1 闭合继电器常开触头断开，限流电阻接入，既保证高速断路器稳定合闸，又保证高速断路器合闸线圈不会长期通大电流。

30271 · 02F04 · 01 A01（X10-03）· 限流电阻 · LCB1 HOLD（常开）· LCB1

4. LCB2 合闸控制电路（附图 C1-Car 1002-10）

LCB1 闭合 1 s 后，VCU 通过 MVB 发出指令，使 B 车 PH 箱 DX 模块 X04 插头的 Z08、Z12 脚输出高电平。

B 车 PH 箱 DX 模块 X04-Z08 脚、PH 箱-X10-09 脚、20323 线、B1 车车钩电路连接器 09Y04-X02-0014 脚、C1 车车钩电路连接器 09Y05-X02-0014 脚、C1 车 PA 箱-X07-05 脚、C1 车 MCM 线路跳闸继电器（MCM LINE TRIP）常开触头、C1 车 PA 箱-X07- 06 脚、30324、C1 车车钩电路连接器 09Y04-X02-0015 脚、20324、B 车 PH 箱-X10-10 脚、LCB2 合闸保持继电器（LCB2 HOLD）、LCB2 合闸闭合继电器（LCB2 CLOSE）及 LCB2 线圈得电闭合，工作过程与 LCB1 相同。

（1）LCB2 合闸保持继电器（LCB2 HOLD）线圈电路:

VCU · MVB · B 车 01A01 · DX（X04-Z08）· 01A01 · X10-09 · 20323 · B1 车 09Y04-X02-0014 · C1 车 09Y05-X02-0014 · 01A03（-X07-05）· 01A03（MCM 线路跳闸继电器）· 01A03（-X07-06）· 30324 · C1 车 09Y05-X02-0015 · B1 车 09Y04-X02-0015 · 01A01 · X10-10 · EMERGENCY TRIP · LCB2 HOLD

（2）LCB2 合闸闭合继电器（LCB2 CLOSE）线圈电路：

VCU · MVB · B 车 01 A01 · DX（X04-Z12）· LCB2 CLOSE

（3）LCB2 线圈电路：

30271 ·02F05 ·20321 ·01 A01（X10-05）·LCB2 CLOSE（常开）·LCB2 HOLD（常开）·LCB2

（4）LCB2 合闸保持：

+110 V · LCB2（常开）· 01 A01 · DX（X04-B20）· MVB · VCU

30271 · 02F05 · 01 A01（X10-05）· 限流电阻 · LCB2 HOLD（常开）· LCB2

5. 合闸指示灯 02S04 电路（附图 0602-18）

当整列车的所有高速断路器或一个单元的两台高速断路器闭合以后，VCU 通过 MVB 总线使 A 车 DX 模块 04 A16 的 DO2R 位置“1”，通过 04 A16-X04-Z06 脚向 21801 线输出高电平，使 02S04 高速断路器“合”指示灯绿灯点亮。

高速断路器闭合后，牵引设备还没有电压。在选择驾驶方向后，VCU 启动预充电装置，DC-link 电容开始预充电，经过大约 1.5 s 后，牵引设备具备电压，车辆准备启动。

高速断路器闭合后，司机在发出驾驶命令前要等待大约 15 s。这段时间用来自动激活所有逆变器、牵引逆变器通风机，同时 DCU 检查风机运转情况。

三、高速断路器分闸操作

（1）操作目标：LCB 线圈失电，高速断路器分闸。

（2）操作设备：高速断路器“分”按钮 02S03（红色指示灯按钮）。

（3）操作方法：按下副司机台上的高速断路器“分”指示灯按钮 02S03，使 HSCB 分闸；当全车的 4 个 HSCB 分闸后，02S03 红色指示灯点亮。

四、分闸电路分析

1. 分闸指令电路（附图 A1-Car 0602-04、附图 A1-Car 0802-02）

按下 02S03 后，经预备列车线 30271、A 车设备柜 MCB“高速断路器指令” 02F03、列车控制继电器 02K04 常开触头 83-84、02S03 常开触头 13-14，向“主断分”列车控制线（“HSCB OFF”列车线）20408 供电，主断分”指令经 B 车的 09Y03 的 20408 线到达 DX 模块 04 A15 的 X04 插头的 D26 脚，经 MVB 总线（多功能车辆总线）向 VCU（车辆控制单元）发送分闸指令。其控制逻辑为：

30271 · 02F03（01-02）· 02K04（83-84）· 02S03（13-14）· 20408 · 09Y02（-X02-0019）· 09Y03（-X02-0019）· 20408 · 04 A15（-X04-D26）

2. 分闸过程电路（附图 B1-Car 0802-14、附图 B1-Car 0802-03）

DX 模块 04 A15 把接收到的分闸指令通过 MVB 总线传送给 VCU，VCU 经 MVB 向 B 车 PH 箱的 DX 模块发出分闸命令，使 X04-Z02 脚变为低电平，LCB1 保持（LCB1 HOLD）线圈失电，其常开触头断开 LCB1 线圈，使 LCB1 失电。

同时，分闸指令也使 X04-Z08 脚变为低电平，LCB2 保持（LCB2 HOLD）线圈失电，其常开触头断开 LCB2 线圈，使 LCB2 失电。B 车的两台高速断路器同时断开。

VCU 接收到全车 4 台高速断路器或一个单元的 2 台高速断路器断开信号后，通过 MVB 使 A 车 DX 模块 04 A16 输出高电平，通过 21802 线使 02S03 分闸指示灯红灯点亮。

五、分合控制有效表现形式

① 4 个 HSCB 合，02S04 灯亮绿灯，HMI 显示 4 个 HSCB 合。

② 其中任意一个 HSCB 断，02S03 与 02S04 都不亮，HMI 显示 4 个 HSCB 至少有一个断。

③ 4 个 HSCB 断，02S03 灯亮红灯，HMI 显示 4 个 HSCB 断。

六、高速断路器的保护

1. HSCB 过流

当流过 HSCB 主触头（牵引主回路）的电流过流时，HSCB 分闸系统动作，使主触头退回，HSCB 分闸。

2. MCM 线路跳闸

（1）当 MCM 发生 IGBT 元件损坏等严重故障，或有接地发生时，线路跳闸继电器（MCM LINE TRIP）断开，使保持继电器（LCB HOLD）失电，其常开触头切断 LCB 线圈电路，高速断路器跳闸。

（2）当主电路发生短路（由 PH 箱内的接地故障传感器检测）时，线路跳闸继电器（MCM LINE TRIP）断开，使保持继电器失电，高速断路器跳闸。

（3）当 MCM 过流时，DCU/M 使逆变器关闭；然后，通过线路跳闸继电器（MCM LINE TRIP）使高速断路器跳闸。

（4）当压力传感器检测升弓气路压力值低于正常值时，压力传感器输出电信号给 VCU，VCU 发出分闸指令，使高速断路器跳闸。

（5）安全回路中断时，A 车紧急继电器 02K10 失电，其常开触头断开，使 HSCB EMERGENCY STOP（高速断路器紧急停止）列车线失电，经另一端 A 车紧急继电器 02K10 常开触头 24-23 及列车控制继电器 03K39 常闭触头 22-21，使 ALL HSCB OFF（所有高速断路器断开）列车线失电，此信号传递到 B 车 PH 箱-X10-11 脚，使 PH 箱紧急跳闸继电器（EMERGENCY TRIP）失电，LCB1HOLD 与 LCB2 HOLD 继电器失电，高速断路器保护分闸。

3. 电路分析

（1）20322 线电路（附图 1202-04）：

30271・A1 车 03F03（01-02）・20409・A1 车 03K39（13-14）・A1 车 02K10（73-74）・20327・A1 车 09Y02（X01-0014）・B1 车 09Y03（X01-0014）・B1 车 09Y04（X01-0014）・C1 车 09Y05（X01-0014）・C1 车 09Y06（X01-0014）・C2 车 09Y06（X01-0014）・C2 车 09Y05（X01-0014）・B2 车 09Y04（X01-0014）・B2 车 09Y03（X01-0014）・A2 车 09Y02（X01-0014）・20327・A2 车 02K10（73-74）・20410・A2 车 03K39（21-22）・20322

（2）紧急跳闸继电器电路（附图 0802-03、附图 0802-14）：

20322 · 01 A01（X10-11）· RELAY EMERGENCY TRIP

七、典型高速断路器控制故障处理

按下副司机台上“高速断路器合”按钮 02S04，若人机界面（TCMS MMI）有故障显示，或 02S03 “高速断路器断开”按钮仍为红色，则：

第一步，检查“升弓”功能是否激活，受电弓是否处于“升”的位置；

第二步，检查位于 A 车司机座椅后面设备柜里的 MCB“高速断路器命令”02F03（A）是否跳下；

第三步，检查位于 B 车 1 位中间端的设备柜里的 MCB“B 车高速断路器”（2F04（B）、“C 车高速断路器”02F05（B）和“牵引逆变器和高压设备箱” 02F22（B）是否跳下。

任务实施

1. 学习 HSCB 分合闸控制相关知识点，完成下列表格内容

题号	习题（填空题每空 10 分，选择题每题 10 分，判断题每题 10 分，简答题每题 10 分）	得分
1	高速断路器闭合的条件是：	
2	高速断路器分断的因素有：	
3	选择题：换端操作时是否需要关闭 HSCB? 是□　　否□	
4	选择：MVB 通信故障是否会影响高速断路器的开闭? 是□　　否□	
5	高速断路器的控制电路上的限流电阻的作用是：	
6	高速断路器的控制电路上的限流电阻接入时间是：	
7	B 车两台高速断路器闭合的间隔时间相差：　　s	
8	影响高速断路器不能闭合的原因有：	
总成绩		

2. HSCB 无法正常分合闸电气故障处理实操

<table>
<tr><th>步骤</th><th>设备名称</th><th>设备状态
（每空 5 分）</th><th>技术状态（每空 5 分）</th><th>是否正常
（每题 5 分）</th></tr>
<tr><td rowspan="5">观察故障现象</td><td>HMI 车辆屏</td><td></td><td>HMI 车辆屏正常显示为________</td><td>是□　　否□</td></tr>
<tr><td>A 车微型断路器 02F03</td><td></td><td>微型断路器向上为________
微型断路器向下为________</td><td>是□　　否□</td></tr>
<tr><td>B 车微型断路器 02F04</td><td></td><td>微型断路器向上为________
微型断路器向下为________</td><td>是□　　否□</td></tr>
<tr><td>B 车微型断路器 02F05</td><td></td><td>微型断路器向上为________
微型断路器向下为________</td><td>是□　　否□</td></tr>
<tr><td>B 车微型断路器 02F22</td><td></td><td>微型断路器向上为________
微型断路器向下为________</td><td>是□　　否□</td></tr>
<tr><td>故障诊断
（5 分）</td><td colspan="4">HSCB 无法正常分合闸原因是</td></tr>
<tr><td>故障诊断流程设计
（5 分）</td><td colspan="4"></td></tr>
<tr><td>排故实施
（5 分）</td><td colspan="4"></td></tr>
<tr><td>评价得分</td><td colspan="4"></td></tr>
</table>

项目七　AC10 型电客车牵引与制动控制

项目描述

本项以电客车司机一次标准化作业环节——牵引与制动操作为学习情景，实施地点安排在电客车虚拟仿真实训室和电客车电气控制系统实训基地，以庞巴迪 AC10 型电客车电气设备、PPT、微课、视频为学习载体，构建车辆电气牵引与制动正常操作、故障处理及其控制电路认知。

本项目共三项学习任务，即“牵引方向控制与警惕回路控制”“牵引启动控制”“列车制动控制”

关键知识点：牵引方向控制与警惕回路控制联锁、牵引启动控制联锁、列车制动控制联锁。

关键技能点：牵引方向操作、牵引启动操作、制动控制操作。

学习目标

1. 能正确描述牵引方向控制与警惕回路联锁控制、牵引启动控制联锁控制、列车制动控制联锁控制；

2. 能独立完成牵引方向控制操作、牵引启动操作、列车制动操作；

3. 能独立完成列车牵引方向处理、牵引启动故障处理、列车制动故障处理。

知识课堂

任务一　牵引方向控制与警惕回路控制

一、司机主控制器闭合表电路

主控制器在电路图中的代号是 02 A01，所有触点统一编号。如警惕按钮触点编号为 S00，方向手柄触点编号为 S10 ~ S16，牵引手柄触点编号为 S20 ~ S28。

牵引运行方向设定、牵引制动指令给定及司机台解锁、警惕响应等指令均通过司机控制器发出。通过对控制凸轮及换向凸轮的凹、凸设置，可以使手柄的每个工作位置有多个电器触点同时开闭，从而使多条电路支路同时动作，互相配合。控制凸轮和换向凸轮上的开关元件的开闭，一般是按闭合表进行控制。

闭合表在电路图中的表示方法如图 7-1-1 所示，用方框表示凸轮在该位置压迫了微动开关（即在此位置微动开关有动作），此时，常开触点闭合，常闭触点断开。反之，若该位没有方框，则表示常开触点在该位置断开，常闭触点在该位置闭合。

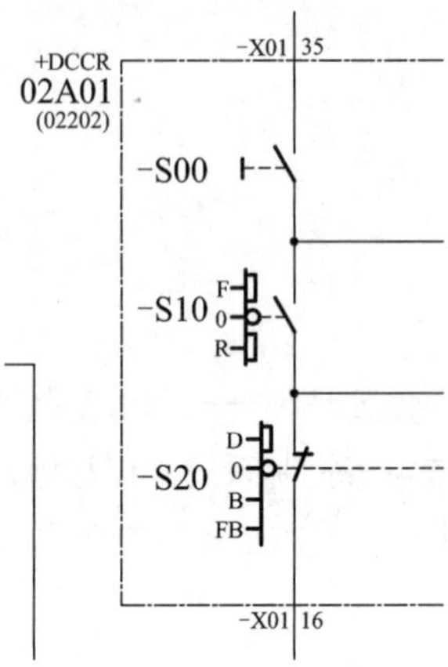

图 7-1-1　闭合表在电路图中的表示方法

如图 7-1-1，方向手柄中的微动开关 S10 的常开触点在“F（前）”“R（后）位”闭合；在“0”主控手柄的微动开关 S20 的常闭触点在“0”“B（制动）”“FB（快制）位”均无方框，表示该微动开关在这些位置均闭合，而在“D（牵引）”位有方框，表示此常闭联锁在此位置断开。

二、牵引方向控制原理

牵引动力系统采用交流传动控制系统（牵引电机为三相鼠笼式异步电机），要设定运行方向，只须向牵引控制单元 DCU/M 发出“向前”或“向后”指令信号，DCU/M 控制牵引逆变器 MCM 输出相序改变（U-V-W/U-W-V），即可实现牵引方向的改变。

AC10 列车采用两根贯通全列车的“向前”“向后”列车线进行方向指令的传递。“向前”“向后”列车线把指令信号输入到 A 车 DX 模块 04 A15 的 X04 插头的 D26、B26 脚，把方向指令信号通过 MVB 传递输入到 VCU，再由 VCU 经 MVB 传送给每个 MCM 的控制计算机 DCU/M，从而实现牵引方向的设定。

三、向前运行控制

1.“向前”操作

列车激活并解锁司机台后，在停车状态下，将方向手柄推到“向前”位，即设定了列车的牵引方向为向前运行。

2.“向前”电路分析（附图 0602-02）

（1）向前接触器 02K14 线圈电路。

方向手柄推到“向前”位，司机控制器 02 A01-S12 常开触头、S13 常闭触头闭合。来自预备列车线 30271 的电流，经由“启动本司机室”微型断路器 02FO1（A） 01-02、20100 线、列车控制继电器 02K05（A）常开联锁 43-44、02 A01-S12 常开联锁、02 A01-S13 常闭联锁、20217 线、警惕继电器 02K09（A）常闭联锁 61-62、“向前”列车线 20210、向前接触器 02K14 线圈得电。其控制逻辑为：

30271 · 02FO1 · 20100 · 02K05（43-44）· 02 A01-S12 · $\overline{02A01-S13}$ · 20217 · $\overline{02K09}$（61-62）· 20210 · $\boxed{02K14}$

02K14 得电后，经 20217 线、02K14 常开联锁 83-84 及 20210 线，使 02K14 自持。

20210 线在两 C 车的车钩处的电路连接为交叉接法，I 端的向前列车线 20210 连接 II 端的向后列车线 20211 线。

（2）串联联锁的功能。

在运行方向控制电路中，02 AO1-S12 常开联锁与 02 AO1-S13 常闭联锁串联，起互锁作用，避免因微动开关触点粘连而造成方向设定电路错误动作（比如，将 02 A01-S13 常闭联锁取消，若 02 A01-S12 常开联锁粘连，当方向手柄在“0”位或“后”位时，20210 线会错误得电）。

电路中串联的警惕继电器 02K09（A 车）常闭联锁保证列车在停车状态下才能进行方向转换操作。

四、向后运行控制

1.“向后”操作

在停车状态下，将主控手柄拉回“0”位，再将方向手柄拉至“向后”位，则将列车设定为向后运行方式。方向手柄必须在停车状态下才能进行转换；若列车在惰行状态下进行方向转换，会发生紧急制动。

2. 电路分析（附图 0602-02）

（1）向后接触器 02K12 线圈电路。

将方向手柄推到“向后”位，司机控制器 02 A01-S12 常闭联锁与 02 A01-S13 常开联锁闭合。电流经由 30271、微型断路器 02F01、20100 线、列车控制继电器 02K05（A）常开联锁 43-44、20201 线、02 A01-S12 常闭联锁、0201 A-S13 常开联锁、20218 线、警惕继电器 02K09 常闭联锁 71-72、向后列车线 20211，使向后接触器 02K12 线圈得电。其控制逻辑为：

30271 · 02FO1 · 20100 · 02K05（43-44）· $\overline{02A01-S13}$ · 02 A01-S13 · 20218 · $\overline{02K09}$（71-72）· 20211 · $\boxed{02K12}$

02K12 得电后，经 20218 线、02K12 常开联锁 83-84、20211 线，使 02K12 自持。

20211 线在两 C 车的车钩处的电路连接为交叉接法，I 端的向后列车线连接 II 端的向前列车线 20210 线。

（2）串联联锁的功能。

02K14 及 02K10 线圈供电电路均接入警惕继电器 02K09 常闭联锁，而方向接触器常开联又串入警惕继电器线圈供电电路中，从电路上保证只有在列车停止状态下，向前、向后接器才能转换。

列车运行方向设定好以后，才允许启动列车牵引。

五、警惕回路控制

1. 警惕按钮操作

人工驾驶时，在选择好运行方向后，司机按下主控手柄上方的警惕按钮后，把主控手柄向前推到“牵引”区（D 区），列车启动运行。在行车过程中，若松开按钮超过 3s（可调），将引起警惕继电器 02K09 动作，激发紧急制动。与安全回路引起的紧急制动作用一样，当警惕继电器动作引起紧急制动作用时，必须等列车完全停车后，才能缓解。但警惕继电器动作引起紧急制动时，受电弓、高速断路器不受影响。

ATO 驾驶模式时，无须操作警惕按钮。

2. 电路分析

（1）警惕继电器 02K09 控制回路（附图 0602-02）。

DC 110 V 电源经 30271 线、02F01、20100 线、列车激活继电器 02K05 常开联锁 43-44、紧急继电器 02K10 常开联锁 84-83、20202 线、零速继电器 02K11 常开联锁 13-14、20204 线、向前接触器 02K14 常开联锁 34-33/向后接触器 02K12 常开联锁 34-33，使警惕继电器 02K09 线圈得电。其控制逻辑为：

30271 • 02F01 • 20100 • 02K05（43-44）• 02K10（84-83）• 20202 • 02K11（13-14）• 02K14（34-33）• 20204/02K12（34-33）• $\boxed{\text{02K09}}$

回路中，02K05 使警惕继电器在司机台解锁后才能得电工作；02K10 保证当安全回路动作引起紧急制动作用后，必须在安全回路恢复以后，02K09 才能恢复；02K14、02K12 是为避免行车中误打方向手柄而设，当行车中改变方向手柄位置时，02K14、02K12 触点使警惕继电器 02K09 失电，引发紧急制动。

（2）警惕时间继电器 02K08 激活控制电路（附图 0602-02）。

在停车状态下，若安全回路正常，当司机设置好方向手柄后，警惕继电器 02K09 线圈即可得电。

此时，若司机按下警惕按钮，警惕按钮触点 02 A01-S00 闭合，由 20202 线、02 A01-S10、（因方向手柄已置“向前”或“向后”位，故闭合）、20206 线、主控手柄 02 A01-S20 常闭联锁触点（非牵引区）、20207 线，使警惕时间继电器 02K08 得电。其控制逻辑为：

30271 • 02F01 • 20100 线 • 02K05（43-44）• 02K10（84-83）• 20202 • 02 A01-S00 • 02 A01-S10 • 20206 • $\overline{\text{02A01}-\text{S20}}$ • 20207 线 • $\boxed{\text{02K08}}$

当 02K08 得电后，其常开触头闭合，短接 20206 线及 20207 线，实现自持。

当牵引手柄推至牵引区后，02 A01-S20 常闭联锁触点断开，仅由 20206 线、02K08 常开联锁 12-4 至 20207 线，维持 02K08 得电。

当警惕时间继电器 02K08 得电后，02K08 常开联锁、02K09 常开联锁接通 20202 线与 20204 线的另一条并联支路。当列车启动后，零速继电器 02K11 失电，警惕继电器改由 20202 线、02K08 常开联锁 11-3、02K09 常开联锁 12-14 至 20204 线，维持 02K08 供电。

牵引运行中，若松开警惕按钮，则 02 A01-S00 触点断开，使警惕时间继电器失电；若松开时间超过 3 s，则延时断开的 02K08 常开联锁打开，使 02K09 线圈失电，02K09 常开联锁使紧急制动列车线 20312 失电，引发列车紧急制动。

在 ATO 驾驶模式下，ATO 模式继电器 04K04 常开联锁短接 20202 线与 20204 线，松开警惕按钮，不会引发警惕继电器回路失电。

在 02K09 线圈供电回路上，串入了向前继电器 02K14 常开联锁、向后继电器 02K12 常开联锁的并联电路，确保列车运行中，若司机错打换向手柄（不管是人工驾驶还是 ATO 驾驶模式），02K14 或 02K12 联锁触点即时断开，使警惕继电器 02K09 失电，导致“紧急制动”列车线 20312 失电。

3. 警惕继电器动作后的复位控制

当警惕继电器动作后，必须等列车完全停车后，零速继电器 02K11 重新得电，02K09 线圈才能恢复得电。此时，才能重新设定列车运行方向，启动列车运行。

任务实施

1. 学习相关知识，完成如下任务

题号	习题（填空题每空 10 分，选择题每题 10 分，判断题每题 10 分）	得分
1	司机控制器钥匙开关与换向手柄、换向手柄与主控手柄之间存在_______联锁。	
2	选择题：列车运行中改变方向手柄会触发______。 A. 常用制动　　B. 快速制动　　C. 紧急制动	
3	选择题：列车运行中是否能够改变运行方向？ 是□　　否□	
4	选择：ATO 驾驶时，是否需要按下警惕按钮？ 是□　　否□	
5	人工驾驶时，松开警惕按钮会导致____________________。	
总成绩		

2. 根据故障现象进行故障处理

故障现象	列车运行中触发紧急制动
故障原因	列车运行中改变牵引方向
电路分析（5 分）	
故障处理（5 分）	
评价得分	

3. 根据故障现象进行故障处理

故障现象	列车运行中触发紧急制动
故障原因	列车运行中松开警惕按钮 3 s
电路分析	
故障处理	
评价得分	

知识课堂

任务二　牵引启动控制

一、数字指令与模拟指令

列车牵引或制动时，必须由司机控制器或列车运行监控防护车载设备 ATC 同时向 VCU 发送牵引指令/制动指令和牵引指令值/制动指令值，才能实现列车牵引/制动运行工况。

1. 数字指令

数字指令是指由 0 和 1 组成的二进制数，1 位二进制表达 2 种信号（1，0），2 位二进制表达 4 种信号（00， 01， 10 ，11），3 位二进制表达 8 种信号牵引/制动指令（000，001，010，011，100，101，110，111）。例如：1 和 0 分别表达列车线的通断电；001，010，011，100，101，110，111 分别表达七级制动级位。

2. 模拟指令

模拟量是指用模拟电量反映司机控制器的级位信号值。模拟量采用电压、电流、频率、脉冲宽度、相位等信息传递指令，模拟量的大小用来表示牵引或制动要求的大小。

例如，VCU 收到牵引指令后，通过 MVB 总线传递到各动车的 DCU，DCU 根据牵引指令值调整牵引逆变器的输出电压、电流与频率，从而实现列车运行速度的控制。

二、列车牵引启动

1. 列车牵引启动联锁

为了保证列车运行安全，列车只有在满足下列条件时，牵引指令才会发送到 VCU，允许列车启动运行：

① 列车总风管压力大于 0.6 MPa（0.55 MPa）；

② 列车所有客室车门关好锁好；

③ 司机室疏散门关好；

④ 全列车停放制动缓解；

⑤ 全列车空气制动缓解；

⑥ 牵引系统各部分正常。

上述任何一条件不满足时，列车均无法牵引启动，这些条件称为牵引启动联锁。

2. 牵引启动联锁电路配置及功能

在列车牵引控制电路中，专门设置了一条有触点保护电路，用于实现上面所述牵引启动联锁保护功能，该电路习惯称为牵引启动联锁电路。为了方便分析，表 7-1-1 列出了启动联锁电路的有关设备。

表 7-1-1　牵引启动联锁

启动联锁	启动联锁继电器	功能描述	旁路开关
总风管压力	总风压力继电器 02K56	列车总风管压力大于 0.6 Mpa（0.55 MPa）	02S19
停放制动	停放制动缓解监控继电器 02K51	停放制动缸压力大于 0.45 MPa（每车一个）	02S10
	所有停放制动缓解监控继电器 02K57	监控 6 车的停放制动缓解情况	
	停放制动缓解按钮 02S05	操作 02S05，亮绿灯，指示停放制动缓解	
车门	左侧门关闭继电器 08K09	监控左侧门关闭状态	02S13
	右侧门关闭继电器 08K10	监控右侧门关闭状态	
空气制动	Ⅰ转向架空气制动缓解继电器 02K52	制动缸压力< 80 kPa	02S14
	Ⅱ转向架空气制动缓解继电器 02K58	制动缸压力< 0.8 kPa	
	空气制动缓解指示灯 02H02	亮绿灯，指示全列车空气制动缓解	
牵引系统	非牵引继电器 02K30		

三、电路分析

1. 牵引指令控制继电器 02K06 电路（附图 0602-02、附图 1204-29）

处于手动驾驶模式时，按下司机主控器手柄上的警惕按钮，同时推主控手柄至牵引区，电流经由 20100 线、司机室激活继电器 02K05 常开 43-44、紧急停车继电器 02K10 常开 84-83、20202 线、警惕按钮 O2 AO1-S00、主控手柄 02 A01-S20 常开联锁至 ATO 模式继电器 04K04 常闭（非自动驾驶模式），使牵引继电器 02K06 线圈得电。其控制逻辑为：其控制逻辑为：

30271 ·02FO1 ·20100 ·02K05(43-44)·02K10(84-83)·20202 ·O2AO1-S00 ·02A01-S20 · $\overline{04K04(61-62)}$ · $\boxed{02K06}$

牵引继电器 02K06 为牵引指令的主令机构，只要按下警惕按钮并推动主控手柄到牵引区，就由 02K06 发出牵引指令。在 02K06 线圈的控制电路上，除串联了警惕按钮及主控手柄按钮触点外，还串入了 02K05、02K10 的常开联锁触点，保证在安全回路正常的情况下，解锁端的司机台才能发出牵引指令。电路中还串联了 ATO 模式继电器 04K04 反联锁触点，确保当处于 ATO 驾驶模式（牵引指令由 ATC 系统发出）时，人工发出的牵引指令被切断，以免系统产生双重指令。

在 ATO 驾驶模式下，牵引指令由 ATC（ATO/ATP）系统发出，由 DX 模块 04 A06、40923 线，使自动驾驶监控继电器 04K33 线圈得电。04K33 常开联锁 11-14 接通，经 20216 线、04K04 常开联锁 53-54，使 02K06 得电。其控制逻辑为：

20100 · 04K33（11-14）· 20216 · 04K04（53-54）· 02K06

2. 牵引启动联锁电路（附图 0602-04）

牵引继电器 02K06 得电后，由 20100 线、02K06 常开联锁 33-34、总风压力继电器 02K56 常开联锁 13-14、所有停放制动缓解继电器 02K57 常开联锁 14-13、20414 线、左侧门关闭继电器 08K09 常开联锁 23-24、右侧门关闭继电器 08K10 常开联锁 24-23、20416 线、防迂回二极管 02 V04、非牵引继电器 02K30 常闭联锁 21-22、牵引列车线 20417 线。其控制逻辑为：

30271 · 02FO1 · 20100 · 02K06（33-34）· 02K56（13-14）· 02K57（14-13）· 20414 · 08K09（23-24）· 08K10（24-23）· 20416 · 02 V04 · $\overline{\text{02K30}}$（21-22）· 20417

牵引列车线把牵引指令由 DX 模块 04 A15 通过 MVB 发送给 VCU，通知 VCU 启动牵引控制。

（1）总风压力启动联锁 02K56。

总风压力启动联锁电路保证总风管压力小于 0.6 MPa 时，列车不能启动。02K56 常开联锁触点 12-11 两端并联了一个零速继电器 02K11 反联锁 51-52，在列车速度大于 0 时，此反联锁闭合。因此在运行过程中，如果列车总风压力突然下降到 0.6MPa 以下时，列车仍然能够继续维持运行到前方车站，但一旦停车，便无法正常启动运行。

（2）车门启动联锁 08K09、08K10。

当全列车所有车门关好锁好时，左、右侧车门关闭继电器 08K09 及 09K10 得电；若有任意一对车门没关好，则 08K09、08K10 常开触点串联电路断开，牵引指令断路。

在 08K09、08K10 常开触点串联电路两端（20414 线与 20416 线之间）并联了“ATP 切除”模式开关 04S01 的常闭触点。由于在 ATP 监控模式下，车门状态由 ATP 进行监控，因此，“ATP 切除”模式开关 04S01 在“分”位时（即在 ATP 监控模式下），其常闭触点 25-26 将 20414 线与 20416 线短接，此回路中的车门启动联锁将不起作用。

（3）停放制动缓解启动联锁。

每节车的停放制动缓解状态由“停放制动缓解监控”继电器 02K51 监控，当本车的停放制动处于缓解状态（即停放制动缸压力大于 0.45 MPa）时，02K051 得电。其控制逻辑为：

30271 · 02F40 · 20700 · 02 A05（X10-22）（01-04）· 02K51

6 节车的 02K51 常开触点串联，组成全列车停放制动缓解监控电路，如图 7-2-1 所示。若 6 节车的停放均缓解，则该电路使全列车停放制动缓解监控继电器 02K57 得电。当任一节车的停放制动施加时，02K57 失电，牵引指令被封锁，列车不能牵引启动。

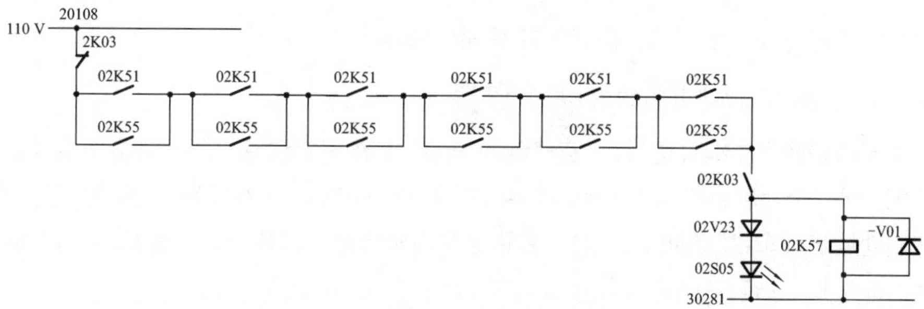

图 7-2-1　停放制动缓解检测回路

（4）空气制动施加启动联锁。

每节车的“空气制动监控”继电器 02K52、02K58 分别监控本车的Ⅰ、Ⅱ端转向架空气制动缓解状态，6 节车的 02K52、02K58 的常开联锁触点串联，组成全列车空气制动缓解监控电路，如图 7-2-2 所示。当所有车辆的制动缸全部缓解后，“全部制动缓解”列车线得电，信号由 MVB 总线送往 VCU，VCU 接收到全部制动缓解信号后才允许启动列车。

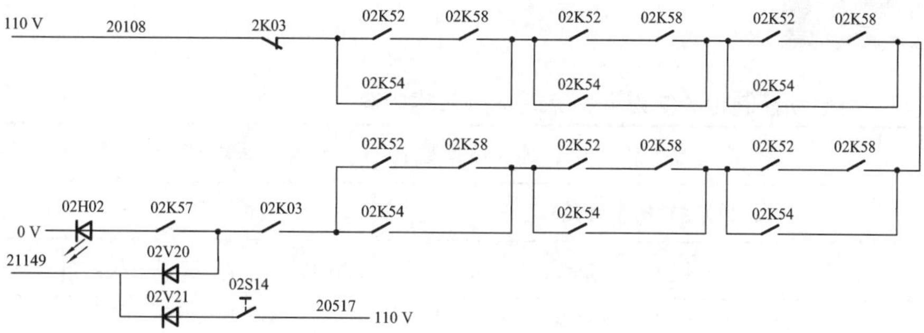

图 7-2-2　空气制动缓解检测电路

四、启动联锁旁路操作

20417 线上任意牵引启动联锁断开，列车将不能动车。为了维持列车运行到前方车站，可将其相应的牵引启动联锁旁路开关闭合，将牵引启动联锁短接。

当总风管压力检控、全列车车门关好检控、全列车停放制动缓解检控、全列车空气制动缓解监控电路出现故障时，必须在确认其工作状态正常的前提下，才能进行启动联锁旁路操作；否则，容易引起行车安全事故。

1. *总风管低压启动联锁旁路*

当总风管低压启动联锁出现时，司机打开启动联锁屏会发现总风压力出现红色。司机确认双针压力表上的白色指针大于 0.7 MPa 时，可将设备柜上的“总风缸低压压力旁路”铅封旋转开关 02S19 向右打向“合”位，将 02K56 旁路（短接）。

在有三节车以上的总风管压力低于 0.6 MPa 时，此旁路开关也将不起作用。

2. *“停放制动施加”引起的启动联锁旁路*

停放制动缓解列车线失电时，“停放制动施加”启动联锁激活，不允许列车启动。在确认所有车辆的停放制动已经缓解的前提下，将设备柜上的“停放制动启动联锁旁路”铅封旋转开关 02S10 向右打向“合”位，将 02K57 旁路（短接）。

3. “空气制动施加"引起的启动联锁旁路

空气制动缓解列车线失电时，“空气制动施加”启动联锁激活，不允许列车启动。这时，将设备柜上的“全部制动启动联锁旁路”铅封旋转开关 02S14 向右打到“合”位，直接向“全部空气制动缓解列车线”供电。02S14 旁路仅在司机台激活时才有效。旁路后，在司机台上的“气制动缓解”指示灯亮。

4. 车门启动联锁旁路

当“车门开和未锁闭”引起的启动联锁时，可将“车门开和解锁”铅封旋转开关 02S13 向右打至闭合位，将车门启动联锁旁路。此开关用于在切除 ATP 保护时，旁路因客室门或逃生门装置未锁闭引起的启动联锁。此旁路仅在司机台激活后有效。

司机必须现场确认所有车门及疏散门机械锁好，经行调同意，方可操作此开关。

任务实施

学习牵引启动控制相关知识点，完成下列表格内容

题号	习题（填空题每空 10 分，选择题每题 10 分，判断题每题 10 分）	得分
1	列车牵引启动运行的条件是：	
2	当总风管压力＜______bar，总风压力低启动联锁切断牵引启动列车线。	
3	判断题：列车运行中若出现总风压力低启动联锁，列车是否还能运行。 是□　　否□	
4	选择题：旁路停放制动施加联锁需将______向右打到“合”位。 A. 02S13　B. 02S19　C. 02S10	
5	选择：旁路车门启动联锁需将______向右打到“合”位。 A. 02S13　B. 02S19　C. 02S10	
6	选择：旁路总风管低压启动联锁需将______向右打到“合”位。 A. 02S13　B. 02S19　C. 02S10	
总成绩		

知识课堂

任务三　列车制动控制

一、制动控制原理

列车制动方式由 ED 制动（电制动）与 EP 制动（电空制动）两种模式构成，为了最大限度使用电制动，制动力的混合控制采用“列车级”的方式，即优先使用电制动，不足部分由空气制动补充，空气制动最先施加在拖车上。

由司机控制器或车载 ATO 系统输出数字制动指令和模拟量制动指令。其中：数字制动指令（低电平信号）向各车的电子制动控制单元（EBCU）或 EP 阀发送，并通过 MVB 总线向车辆控制单元（VCU）发送；模拟量制动指令通过 MV 总线传递给各节车的 EBCU 及 MCM，实现空电联合制动（ED 和 EP 制动）。

每辆车的制动控制（BCU）或 EP 阀内安装有压力传感器，用于测量每辆车一个转向架的空气弹压力的平均值，产生电信号。载荷信号发送给每辆车的 EBCU，然后通过 MVB 总线传到车控制单元 VCU。平均载荷信号在 VCU 中进行计算，然后把结果从 VCU 经 MVB 总线发送到牵引控制单元 DCU/M 和电子制动控制单元 EBCU。

每根车轴上安装有车轴速度传感器，防滑（WSP）控制系统连续接收来自车轴传感器的信号，一旦检测到车轮滑行，可以及时纠正，防止擦伤车轮。

根据制动功能的不同，制动操作模式分为以下五种，如表 7-3-1 所示。

表 7-3-1　制动操作模式

操作模式	操作设备	减速度 $a/(m/s^2)$	功能描述
常用制动 SB	司机主控器	0～1	ED 和 EP 制动
快速制动 FB	司机主控器	1.2	ED 和 EP 制动
保持制动 HB	VCU/EP 阀	最大常用制动力的 70%	用于停车或坡道启动防溜
紧急制动 EB	紧急制动蘑菇按钮	1.2	纯空气制动，由安全环路控制
停放制动 PB	停放制动按钮		弹簧制动，防溜

常用制动、快速制动、紧急制动都使用“失电”（低电平）控制方式。

二、常用制动控制

1. 常用制动施加操作

当列车需要减速或停车时，将司机主控手柄推至“制动”区，实现无级制动。

2. 常用制动指令发送及电路分析

常用制动指令由常用制动列车线 20313 传递，20313 线得电的条件（附图 0602-03）是：

① 司机台解锁（02K01 线圈得电）；

② 列车安全回路未中断，紧急继电器 02K10 被激活；

③ 警惕按钮 02 A01-S00 处于闭合状态，警惕继电器 02K09 得电；

④ 换向手柄离开“0”位（02 A01-S11 闭合），自动折返运行时，02K09 和 02 A1-S11 需要通过 04K03 跳接；

⑤ 主控手柄不在“制动”位，02 A01-S21/22 闭合；

⑥ ATO/ATP 未发出自动制动指令，自动制动继电器 04K05 失电。

⑦ 快速制动继电器 02K17 得电。

如果上述条件中的任一条不符合要求，则联锁触点断开，列车线 20313 立即变低电平

（0 V），常用制动被激活。常用制动控制信号传送至牵引控制单（DCU/M）和电子制动控制单元（EBCU），完成动车（DCU）电制动力和拖车（EBCU）空气制动力的混合。

3. 常用制动电路分析（附图 0602-03）

（1）常用制动继电器 02K16 线圈电路。

手动驾驶：30271・02F01・02K01（43-44）・02K10（74-73）・02K09（33-34）・20302・02 A01-S11・20305・$\overline{02A01-S21}$・$\overline{02A01-S22}$・20307・$\overline{04K05}$（21-22）・20315・$\boxed{02K16}$

ATO 模式：30271・02F01・02K01（43-44）・02K10（74-73）・04K03（33-34）・20305・$\overline{02A01-S21}$・$\overline{02A01-S22}$・20307・$\overline{04K05}$（21-22）・20315・$\boxed{02K16}$

（2）快速制动继电器 02K17 线圈电路。

常用制动继电器 02K16 线圈得电后，其常开触头 14-13 接通快速制动继电器 02K17 线圈电路。02K17 的常开触点 33-34 使 02K17 自持。

（3）常用制动列车线 20313 电路。

快速制动继电器 02K17 线圈得电后，其常开触头 14-13 经 02 V07 接通常用制动列车线 20313 电路。常用制动列车线串联 02K17 触点 14-13 确保当常用制动施加出现故障时，由快速制动代替。其控制逻辑为：

30271・02F01・02K01（43-44）・02K10（74-73）・02K09（33-34）・20302・02 A01-S11+04K03（33-34）・20305・$\overline{02A01-S21}$・$\overline{02A01-S22}$・20307・$\overline{04K05}$（21-22）・02K17（13-14）・02 V07・20313

如果上述条件中的任一条不符合要求，联锁触点断开，列车线 20313 立即变低电平（D C0 V），常用制动被激活。常用制动控制信号传送至牵引控制单（DCU/M）和电子制动控制单元（EBCU），完成动车（DCU）电制动力和拖车（EBCU）空气制动力的混合。

4. 常用制动缓解操作

将主控手柄拉至非“制动”位，列车控制线 20313 处于得电状态，常用制动缓解。

5. 空气制动检测

为了防止在列车牵引时空气制动不能缓解而对轮对造成危害，必须对列车空气制动状态随时进行检测。

（1）单节车空气制动施加与缓解检测。

在安装有 EP2002 制动控制系统的列车上，因采用架控方式，每单节车安装有两个 EP 阀（G 阀或 S 阀），每个阀内安装了两个压力检测开关，用于检测每个转向架的制动缸压力。该压力开关的上限值为 120 kPa，下限值为 80 kPa（附图 0602-07）。若制动缸压力大于 120 kPa，则其压力检测开关的常开触点 01-04 闭合，空气制动施加；若制动缸压力小于 80 kPa，则其常闭触点 01-02 接通，空气制动缓解。

图 0602-07 中，每节车的“空气制动监控”继电器分别监控本车的Ⅰ端转向架、Ⅱ端转向架空气制动与缓解状态，02K52 为Ⅰ端转向架空气制动缓解检测继电器、02K58 为Ⅱ端转向架空气制动缓解检测继电器，02K53 为本车空气制动施加检测继电器。

当压力开关检测制动缸压力 < 80 kPa 时，Ⅰ端与Ⅱ端转向架空气制动缓解，02K52、02K58

线圈得电，电路如下：

30271・02F40・20700・02 A05（X10-20）(01-02）・02K52

30271・02F40・20700・02 A05（X10-21）(01-02）・02K58

当压力开关检测制动缸压力 > 120 kPa 时，Ⅰ端与Ⅱ端转向架空气制动施加，02K53 线圈得电，电路如下：

30271・02F40・20700・02 A05（X10-20）(01-04）・02 V11+02 V12・02K53

（2）全列车空气制动缓解检测。

在图 7-2-2 中，列车空气制动正常缓解时，6 节车的空气制动缓解检测继电器 02K52 和 02K58 均得电，6 节车的 02K52、02K58 的常开联锁触点串联，组成全列车空气制动缓解监控电路（附图 0602-13）。

当司机台解锁后，司机台激活继电器 02K04 触点 53-54 闭合（附图 1202-01），30271 线经微型断路器 02F06、防迂回二极管 02 V13、列控制继电器 02K04 的常开触点 53-54 向列车线 20108 供电，进而向两端司机室的空气制动、停放制动和车门指示灯按钮供电，指示列车的当前状态。列车空气制动缓解检测电路如下：由回路供电列车线 20108、列车尾端（未解锁端）A 车的列车控制继电器、02K03 常闭触点 81-82、02K52 常开触点 13-14、02K58 常开触点 13-14，一直到列车前端（解锁端）的 02K58 常开触点 13-14、02K52 常开触点 13-1 4、02K03 常开触点 44-43、导线 21300、防迂回二极管 02 V20、导线 21149、DX 模块 04 A2(KZ26 脚），从而使 VCU 获得全列车空气制动缓解信号（附图 0602-13）。

同时，高电平信号经 02 V34、21308 线、“所有停放制动缓解”继电器 02K57 常开触点 23-24，送到主控制台上的“空气制动缓解”绿色指示灯 02H02，使该指示灯点亮。其控制逻辑：

30207・02F06・02 V13・02K04（14-13）・20108・(非解锁端）・$\overline{\text{02K03}}$（81-82）・21301・02K52（13-14）・02K58（13-14）・21147（贯穿全列车）・……・21147・02K58（13-14）・02K52（13-14）・21301・02K03（44-43）・02K57（23-24）・02H02

（3）全列车空气制动施加检测。

列车空气制动正常施加时，6 节车的空气制动施加检测继电器 02K53 得电，6 节车的 02K53 的常开联锁触点串联，组成全列车空气制动缓解监控电路（附图 0602-13）。

列车空气制动施加检测电路如下：由回路供电列车线 20108、列车尾端（未解锁端）A 车的列车控制继电器、02K03 常闭触点 71-72、21304 线、02K53 常开触点 33-34，一直到列车前端（解锁端）的 02K53 常开触点 33-34、21304 线、02K03 常开触点 34-33、21307 线、防迂回二极管 02 V30、送到主控制台上的“空气制动施加”红色指示灯 02H01，使该指示灯点亮。其控制逻辑：

30207・02F06・02 V13・02K04（14-13）・20108・(非解锁端）・$\overline{\text{02K03}}$（71-72）・21304・02K53（13-14）・21148（贯穿全列车）・……・21148・02K53（13-14）・21304・02K03（34-33）・02 V30・02H01

三、快速制动控制

1. 快速制动施加操作

将主控手柄置于“快速制动”位，列车实施快速制动。快速制动实施后，操作主控手柄可以在除“快速制动”位外任意位置缓解。

2. 快速制动指令发送

快速制动指令由列车线 20314 传递。20314 线得电的条件（附图 0602-03）包括：

① 司机台解锁（02K01 线圈得电）；

② 列车安全回路未中断，紧急继电器 02K10 被激活；

③ 警惕按钮 02 A01-S00 处于闭合状态，警惕继电器 02K09 得电；

④ 换向手柄离开“0”位（02 A01-S11 闭合），自动折返运行时，02K09 和 02 A1-S11 需要通过 04K03 跳接；

⑤ 主控手柄 02 AO1-S23/24 触点闭合，主控手柄没有位于“快速制动”位置；

⑥ 快速制动继电器 02K17 得电。

如果上述条件中有一条没有符合要求，则其联锁触点断开，列车控制线 20314 变低电平（0 V），快速制动被激活。

3. 快速制动列车线 20314 电路分析

① 手动驾驶电路：30271 · 02F01 · 02K01（43-44）· 02K10（74-73）· 02K09（33-34）· 20302 · 02 A01-S11 · 20305 · $\overline{02A01-S23}$ · $\overline{02A01-S24}$ · 20309 · 02K17（34-33）· 02K17（43-44）· 02 V06 · 20314

② ATO 模式电路：30271 · 02F01 · 02K01（43-44）· 02K10（74-73）· 04K03（33-34）· 20305 · $\overline{02A01-S23}$ · $\overline{02A01-S24}$ ·20309 ·02K17（34-33）·02K17（43-44）·02 V06 ·20314

“快速制动”继电器 02K17 常开触点串联在常用制动联锁电路中，当施加快速制动时，同时使常用制动列车线 20313 失电，产生附加的常用制动指令（即在快速制动出现故障时，系统会发生常用制动作用，确保制动作用的实施）。

快速制动施加时，“快速制动”继电器 02K17 失电，常用制动继电器 02K16 有电。

反之，当缓解快速制动时，“常用制动”继电 02K16 得电后，02K17 也得电，此时主控手柄在常用制动位，02K16 失电，02K17 常开触点 34-33 自持，02K17 线圈继续有电。02K17 常开触点 13-14 确保制动缓解时，快速制动控制信号传送至牵引控制单元（DCU）和电子制动控制单元（EBCU）。

4. 快速制动缓解操作

将主控手柄拉至非“快速制动”位后，列车控制线 20314 得电，快速制动缓解。

四、紧急制动控制

1. 紧急制动施加

紧急制动是在紧急情况下，按压紧急停车按钮 02S08 或 02S07，或由系统自动触发的非常用制动。

下列情况之一出现时，列车将施加紧急制动：

① 手动驾驶模式时触发主控手柄上的警惕装置；

② 拍紧急停车按钮（蘑菇按钮）02S08 或 02S07；

③ 脱钩；

④ ATC 系统发出紧急制动指令；

⑤ 紧急制动安全环路中断；

⑥ 丢失 DC 110 V 供电电源；

⑦ 列车运行速度超过 88 km/h，触发超速继电器 02K88 线圈电路，02K88 常闭触点 21-22 断开。

当上述任一情况出现时，紧急制动列车线 20312 就会变低电平（0 V），使空气制动控制单元（BCU）内紧急制动电磁阀或 EP 阀内的紧急阀失电，产生紧急制动。

2. 触发紧急制动结果

紧急制动一旦施加将导致：

① 紧急制动发生后不可中途缓解，必须等列车速度降至零后才能缓解，零速继电器 02K11 联锁将防止紧急制动的缓解；

② 紧急制动不受最大冲击率的限制，冲击率将超过 0.75 m/s^3；

③ 紧急制动施加时，牵引切除，电制动不起作用，仅施加空气制动；

④ 拍下紧急制动按钮触发紧急制动时，高速断路器断开，受电弓落下。

3. 紧急制动的缓解操作

若是按压紧急按钮，实施了紧急制动，必须等列车停稳后，手动将紧急停车按钮 02S07 和 02S08 复位，才能将列车缓解。

4. 紧急制动电路分析

当方向手柄离开“0”位后，从 20100 控制线经列车控制继电器 02K01 常开触点 43-44、紧急继电器 02K10 常开触点 74-73、警惕继电器 02K09 常开触点 34-33、方向手柄联锁触点 02 A01-S11、ATP 紧急制动控制电路、超速继电器 02K88 常闭联锁 21-22 向紧急控制列车线 20312 供电（附图 0602-03）。

① 手动驾驶紧急制动列车线 20312 线电路（ATP 保护）：

30271 · 02F01 · 20100 · 02K01（43-44）· 02K10（74-73）· 02K09（33-34）· 20302 · 02 A01-S11 · 04 A06 · $\overline{\text{02K88}}$（21-22）· 02 V05 · 20312

② ATO 模式紧急制动列车线 20312 线电路（ATP 保护）：

30271 · 02F01 · 20100 · 02K01（43-44）· 02K10（74-73）· 04K01（33-34）· 04 A06 · $\overline{\text{02K88}}$（21-22）· 02 V05 · 20312

20312 线的高电平将被直接送到每节车的 BCU（02 A05）的紧急制动电磁阀，使其得电动作，进而缓解紧急制动压力到 80 kPa 及以下。

③ ATP 切除紧急制动列车线 20312 线电路：

30271・02F01・20100・02K01（43-44）・02K10（74-73）・04K01（33-34）・04S01・$\overline{\text{02K88}}$（21-22）・02 V05・20312

五、停放制动

1. 停放制动描述（附图 0602-07）

停放制动是列车在库内停放或在线上临时停放时，为列车防溜施加的一种机械制动。停放制动采用弹簧制动方式。

停放制动缸排气时（制动缸压力 < 350 kPa），停放制动施加；停放制动缸充气（制动缸压力 > 450 kPa），停放制动缓解。

只有在所有 6 节车的停放制动全部缓解后，列车才能进行牵引。列车通过监测停车制动缸压力（ > 450 kPa 缓解， < 350 kPa 施加）来监测停放制动的状态。

2. 停放制动施加与缓解操作附图 0602-05

操作司机台停放制动施加按钮 02S06，停放制动施加；操作司机台停放制动缓解按钮 02S05，停放制动施加。

停放制动施加与缓解由安装在每节车的 ACU（辅助制动控制）模块上的停放制动双脉冲电磁阀控制。停放制动双脉冲电磁阀由两个电磁阀构成：当 02 A05DX 模块 X10 脚 12-10 触点得电，即停放制动施加电磁阀得电时，控制停放制动缸向外排风，停放制动施加；当 02 A05DX 模块 X10 脚 11-13 触点得电，即停放制动缓解电磁阀得电时，控制总风管向停放制动缸充风，停放制动缓解。

3. 电路分析

（1）停放制动施加操作电路。

操作停放制动施加按钮 02S06，其触点 13-14 闭合，触点 21-22 断开，双脉冲停放制动电磁阀的停放制动施加电磁阀得电，停放制动缓解电磁阀失电，停放制动施加指示灯按钮 02S06 亮红灯。其控制逻辑为：

30271・02F01・20100・02K04（33-34）・20517・02S06（13-14）・02 A06（-X01-A6-A5）

30271・02F01・20100・02K04（33-34）・20517・02S06（21-22）・02 A06（-X01-A6-A5）

（2）停放制动缓解操作电路。

操作停放制动缓解按钮 02S05， 其触点 13-14 闭合，接通 02 A06（-X01-A6-A5）电路，停放制动缓解电磁阀得电，停放制动缓解指示灯按钮 02S05 亮绿灯。其控制逻辑为：

30271・02F01・20100・02K04（33-34）・20517・02S06（21-22）・02S05（13-14）・02 A06（-X01-A6-A5）

4. 单节车停放制动缓解检测

（1）单节车停放制动缓解检测（附图 0602-07）

如附图 0602-07 所示，在每节车的辅助制动控制单元 ACU 中设置一个停放制动缸压力检测开关。当停放制动气缸压力大于 450 kPa 时，其常开触点 01-04 接通，从而导致“停放制动缓解”继电器 02K51 得电，本车停放制动缓解。其控制逻辑为：

30271・02F40・20700・02 A05（X10-22）(01-04)・02K51

（2）单节车停放制动施加检测（附图 0602-07）。

当停放制动缸内空气压力下降到 350 kPa 以下时，压力开关常闭联锁触点 01-02 闭合，“停放制动施加”继电器 02K50 得电，本车停放制动施加。其控制逻辑为：

30271・02F40・20700・02 A05（X10-22）(01-02)・02K50

5. 全列车停放制动缓解与施加检测（附图 0602-12）

（1）全列车停放制动缓解检测。

如附图 0602-12 所示，若全列车停放制动均缓解，即所有的停放制动缸压力均大于 450 kPa 时，每节的停放制动缓解继电器 02K51 均得电，停放制动缓解检测电路将导通。其控制逻辑为：

（解锁端）30207・02F06・02 V13・02K04（14-13）・20108・（非解锁端）02K03（61-62）・21201・02K51（33-34）・21147（贯穿全列车）……・（激活端）21147・02K51（33-34）・21201・02K03（24-23）・21207・02K53+02 V23・02S05 绿色指示灯

“全列车停放制动缓解”绿色指示灯 02S05 点亮后，告知司机此时列车停放制动缓解；同时，“所有停放制动缓解”继电器 02K57 得电，停放制动缓解信号经 21605 线送入 DX 模块 04 A16，通过 MVB 向 VCU 发送停放制动缓解信号。

司机在驾驶过程中，若发现某节车的停放制动缓解状态不正常，在确认其停放制动确实已经缓解的情况下，可以在 MMI 屏上对该车停放制动缓解检测进行旁路，由 DX 模块 04 A16 的 X04 插头的 B14 脚使“停放制动缓解旁路”继电器 02K55 得电，从而旁路该节车的停放制动缓解检测。

（2）全列车停放制动施加检测。

如附图 0602-12 所示，若全列车停放制动均施加，即所有的停放制动缸压力均小于 350 kPa 时，每节的停放制动缓解继电器 02K50 均得电，停放制动施加检测电路将导通。其控制逻辑为：

（激活端）30207・02F06・02 V13・02K04（14-13）・20108 线・（非激活端）02K03（51-52）・21204・02K50（33-34）・21142（贯穿全列车）……・（激活端）21142・02K50（33-34）・21204・02K03（14-13）・21207・02S06 红色指示灯

任务实施

学习列车制动控制相关知识点，完成下列表格内容

题号	习题（填空题每空 10 分，选择题每题 10 分，判断题每题 10 分，简答题每题 10 分）	评分
1	列车制动方式由 ED 制动（____制动）与 EP 制动（______制动）两种模式构成。	
2	选择题：由司机控制器或车载 ATO 系统输出数字制动指令以_____电平信号向各车的 EBCU 或 EP 阀发送。 A. 高　B. 低	
3	判断题：常用制动、快速制动、紧急制动都使用“失电”控制方式。 对□　错□	
4	常用制动列车线 20313 线得电的条件是：	
5	快速制动列车线 20314 线得电的条件是：	
6	紧急制动列车线 20312 线得电的条件是：	
7	判断题：拍下 02S07/02S08 触发紧急制动时，高速断路器断开，受电弓落下。 对□　错□	
8	选择题：停放制动缸______时（＞450 kPa 缓解），停放制动缓解； 停放制动缸_____时（＜350 kPa），停放制动施加。 排气　B. 充气	
9	选择题：司机在驾驶过程中，若发现某节车的停放制动缓解状态不正常，在确认其停放制动确实已经缓解的情况下，可以在 MMI 屏上进行旁路操作，使_______继电器得电，从而旁路该节车的停放制动缓解检测。 A. 02K55　B. 02K51　C. 02K57	
总成绩		

项目八　列车网络控制系统认知

项目描述

本项目主要内容为：简单认识列车网络控制系统。

列车网络控制系统是基于通信网络的列车控制系统，它以车载微机为主要技术手段，通过网络实现列车各子系统之间的信息交换，最终达到对车载设备的集散式监视、控制和管理目的。列车网络控制系统包括实现各种功能控制的子系统微机控制单元、实现车辆控制的车辆控制单元和实现信息交换的通信网络。通过通信网络，可实现车辆控制单元与子系统微机控制单元的信息交换、控制、监测以及故障诊断等功能。

本项目共两项学习任务，即“列车网络控制系统硬件、通信总线认知”和“列车网络控制系统拓扑结构认知”。

关键知识点：列车网络控制系统硬件、通信总线、拓扑结构。

关键技能点：列车网络控制系统拓扑图识读。

学习目标

1. 能正确描述列车网络控制系统各硬件的功能、各种通信总线的特点。
2. 能正确描述列车网络控制系统拓扑图结构特点。

知识课堂

任务一　列车网络控制系统硬件、通信总线认知

列车网络控制系统利用通信网络实现对车载设备的控制、监控及故障诊断。它由微机单元利用相应总线通信来实现。列车网络控制系统主要部件有车辆控制单元、网关、微处理器单元、输入/输出模块、司机显示单元、冗余中继器等。

一、列车网络控制系统硬件

1. 车辆控制单元

车辆控制单元是列车网络控制系统的控制中心。它几乎可与列车上所有设备直接或间

接地通信，对各设备进行状态监测和控制。车辆控制单元参与控制或监测的设备如图 8-1-1 所示。

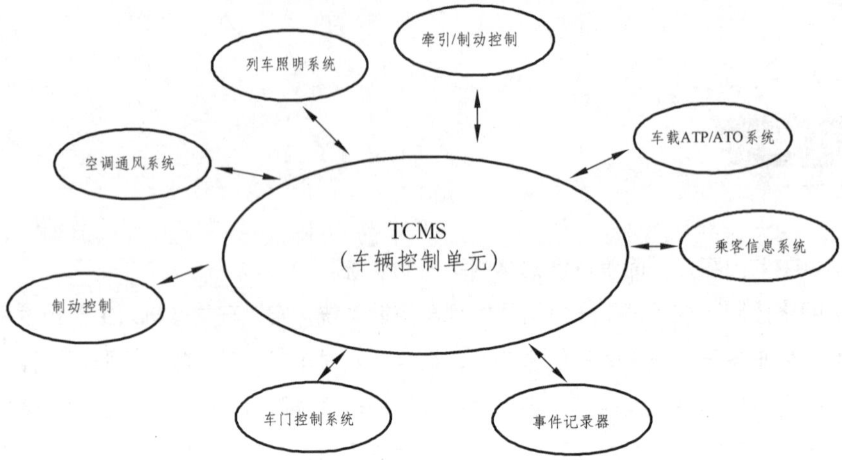

图 8-1-1　车辆控制单元参与控制或监测的设备

2. 网关（GW）

网关用于连接 MVB 总线和 WTB 总线，处理 WTB 与列车 MVB 区段之间的数据通信或负责 CAN 总线和 MVB 总线上的数据交换。GW 是不同物理介质和不同通信协议的转换接口。

3. 输入/输出模块

输入/输出模块一般分布在列车不同位置，用于采集分散的输入量和通过输出量控制列车中分散的设备。同时，控制单元的数字输入/输出和模拟信号可通过输入和输出装置连接至车辆总线。如门控单元一般通过输入/输出装置与 MVB 总线连接。

4. 司机显示单元

司机显示单元是列车司机与列车网络控制系统之间进行信息交换的人机界面。司机显示单元带有触摸屏，可通过点击司机显示单元查看列车状态，以及对某些设备进行控制。

司机显示单元主要显示受电弓/HSCB 状态、辅助电源状态、空压机状态、空调状态、车门状态、牵引/制动状态、乘客信息系统状态、网压等设备状态信息、列车基本信息（如时间、运行里程、语言）以及事件信息等。

司机显示单元如图 8-1-2 所示。

5. 中继器

中继器主要负责完成信号的复制、调整和放大，从而延长网络的长度。冗余中继器 REP 用于放大和对 MVB 总线信号进行处理，消除干扰，提高 MVB 总线的长度和加大连接到 MVB 总线上设备的数量。

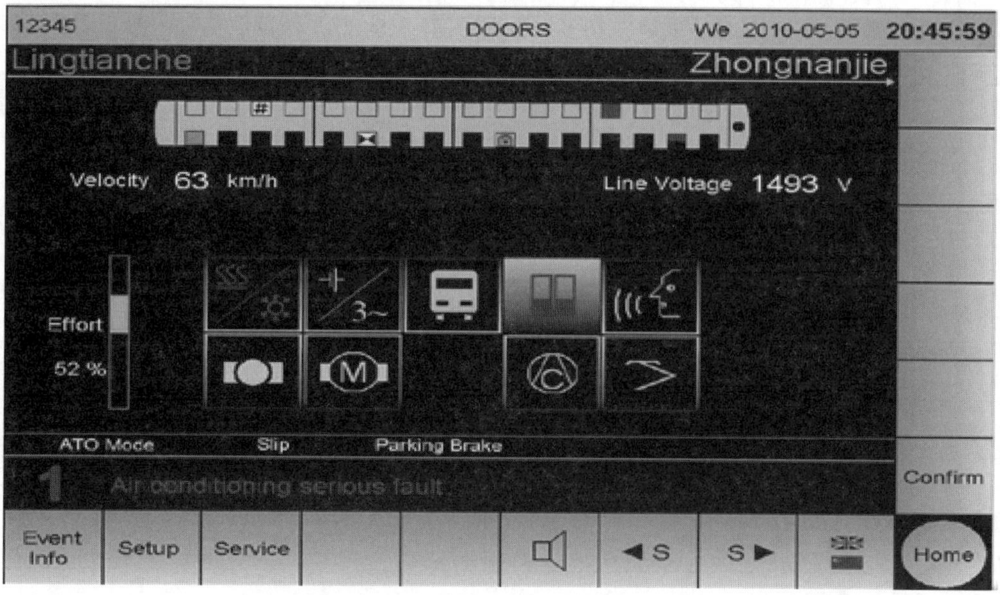

图 8-1-2　司机显示单元

二、列车网络控制系统的通信总线

1. MVB 总线

MVB 是多功能车辆总线的简称，属于现场总线，也是工业控制的一种。城市轨道交通车辆通信网络分为两级：列车控制级、车辆控制级。

MVB 主要作为车辆级的通信总线。该总线使用双绞线介质，将车辆上各个重要设备与车辆主机连接，如牵引控制单元、辅助控制单元、制动电子控制单元等都通过 MVB 总线与车辆控制单元进行通信传输控制、监测信号等。

2. CAN 总线

CAN 全称为“Controller Area Network”，即控制器局域网，是国际上应用最广泛的现场总线之一。CAN 采用多主竞争式结构，具有多主站运行和分散仲裁的串行总线以及广播通信的特点。CAN 总线上任意节点可在任意时刻主动地向网络上其他节点发送信息而不分主次，因此可在各节点之间实现自由通信。

3. RS232 总线

RS232 是目前数据通信中使用最早、应用最广的一种异步串行通信标准。RS232 采取不平衡传输方式，即单端通信。其收发端的数据信号都是相对于地信号的。所以其共模抑制能力差，再加上双绞线的分布电容，其传输距离最大约为 15 m，速率为 20 kb/s，且其只能支持点对点通信。

4. RS485 总线

RS485 采用平衡发送和差分接收方式实现通信。传输线通常使用双绞线，又是差分传输，所以有极强的抗共模干扰的能力。RS485 最大的通信距离约为 1 219 m，最大传输速率为 10 Mb/s。如果需传输更长的距离，需要加 RS485 中继器。

RS485 采用半双工工作方式，支持多点数据通信。RS485 总线网络拓扑一般采用终端匹配的总线型结构，即采用一条总线将各个节点串接起来，不支持环形或星型网络。

任务实施

1. 学习相关知识，完成如下任务。

序号	任务：描述列车广播对讲系统的功能及操作流程	评分
1	车辆控制单元的功能：	
2	网关的功能：	
3	输入/输出模块的功能：	
4	司机显示单元的功能：	
5	中继器的功能：	
6	MVB 总线的特点：	
7	CAN 总线的特点：	
8	RS232 总线的特点：	
9	RS485 总线的特点：	
合计（总成绩）		

知识课堂

任务二　列车网络控制系统拓扑结构认知

列车网络控制系统是一种分散式现场总线控制系统。列车网络系统的设备分布于列车各个地方，各设备通过一定的形式相互连接起来。分布于整列车的设备可看作整个列车网络的网络节点，各式各样的网络节点形成了网络系统。网络的拓扑结构是指网络中节点的互联形式。

常见的网络拓扑结构有星型、环型、总线型和树型等。城市轨道交通车辆一般采用总线型网络拓扑结构。

1. 南京地铁 2 号线列车网络控制系统拓扑结构认知

南京地铁 2 号线列车网络控制系统（TCMS）能实现对列车的控制、监测、故障诊断等功能。其拓扑结构如图 8-2-1 所示。

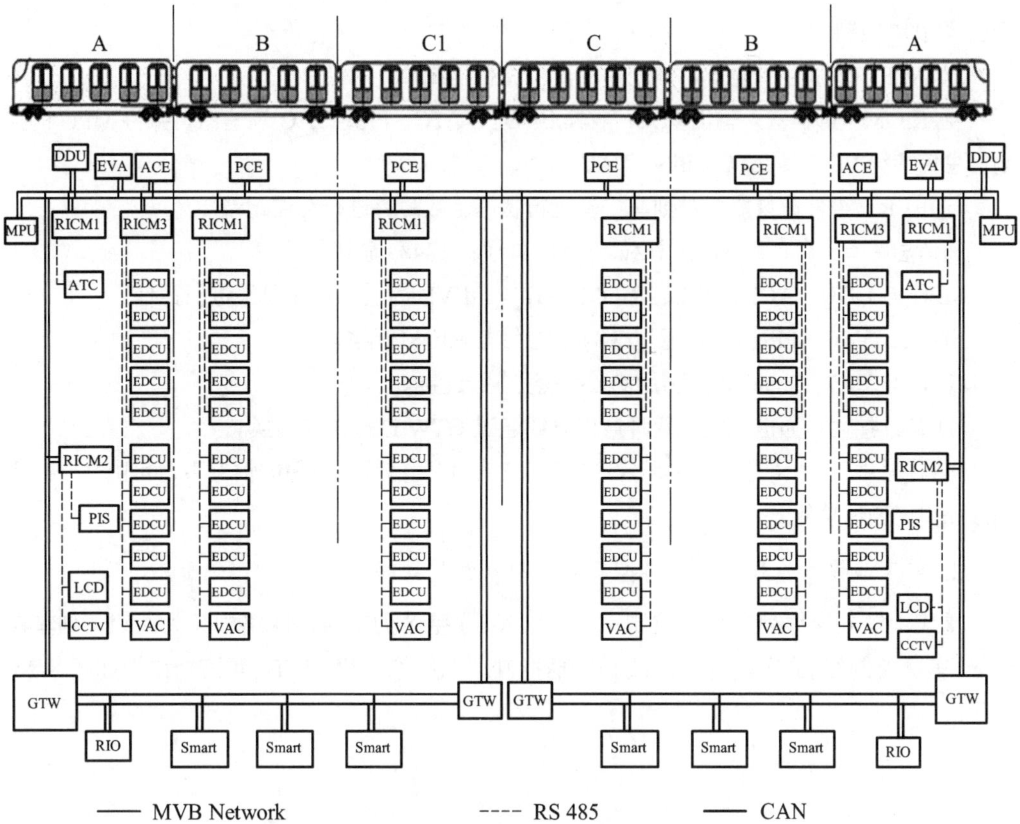

图 8-2-1　南京地铁 2 号线列车网络控制系统拓扑结构

拓扑图中的缩写说明如表 8-2-1 所示。

表 8-2-1　拓扑图中的缩写说明

缩写	说明	缩写	说明
MPU	主处理单元	EVR	事件记录器
DDU	司机显示单元	ACE	辅助控制电子
RIOM	远程输入输出单元	PCE	牵引控制电子
ATC	列车自动控制	EDCU	电子门控单元
PIS	乘客信息系统	VAC	空调通风
LCD	液晶显示屏	GTW	网关阀
RIO	输入输出阀	Smart	智能阀

拓扑图中涉及的部件有 MPU、DDU、ACE、PCE、RIOM、GTW、Smart、EDCU、PIS、VAC、EVR、ATC 等。

① MPU：TCMS 的主处理单元，通过 MVB 总线与各子系统控制单元通信，完成对各子系统的控制、监测和故障诊断等功能。

② PCE：制动控制电子，是地铁列车牵引系统控制微机，与 MPU、GTW 通信完成列车

牵引/电制动控制。

③ ACE：辅助控制电子，辅助逆变器的微机控制单元。

④ RIOM：远程输入输出单元，收集 EDCU、ATC、PIS、VAC 等信息，并将 MPU 的控制信息传递给 EDCU、ATC、PIS、VAC。

⑤ EVR：事件记录器，对列车设备运行状态、故障等进行存储记录。

通信总线有三种，即 MVB 总线、CAN 总线、RS485 总线。

MPU 与 DDU、ACE、PCE、RIOM、GTW、EVR 通过 MVB 总线进行通信。

EDCU、VAC、PIS、ATC 通过 RS485 总线与 RIOM 相连。

GTW 与 RIO、Smart 之间利用 CAN 总线进行连接。

GTW 连接两种通信总线。两种通信总线通过 GTW 进行协议转换。

MVB 总线、CAN 总线均采用冗余布置，在一路通信线路故障的情况下，可由另一路通信线路完成通信功能。

2. 重庆地铁 6 号线列车网络控制系统拓扑结构认知

重庆地铁 6 号线列车网络控制系统（TCMS）整个列车通信网络划分为两级：列车控制级、车辆控制级。列车控制级总线和车辆控制级总线均采用 MVB。其拓扑结构如图 8-2-2 所示。

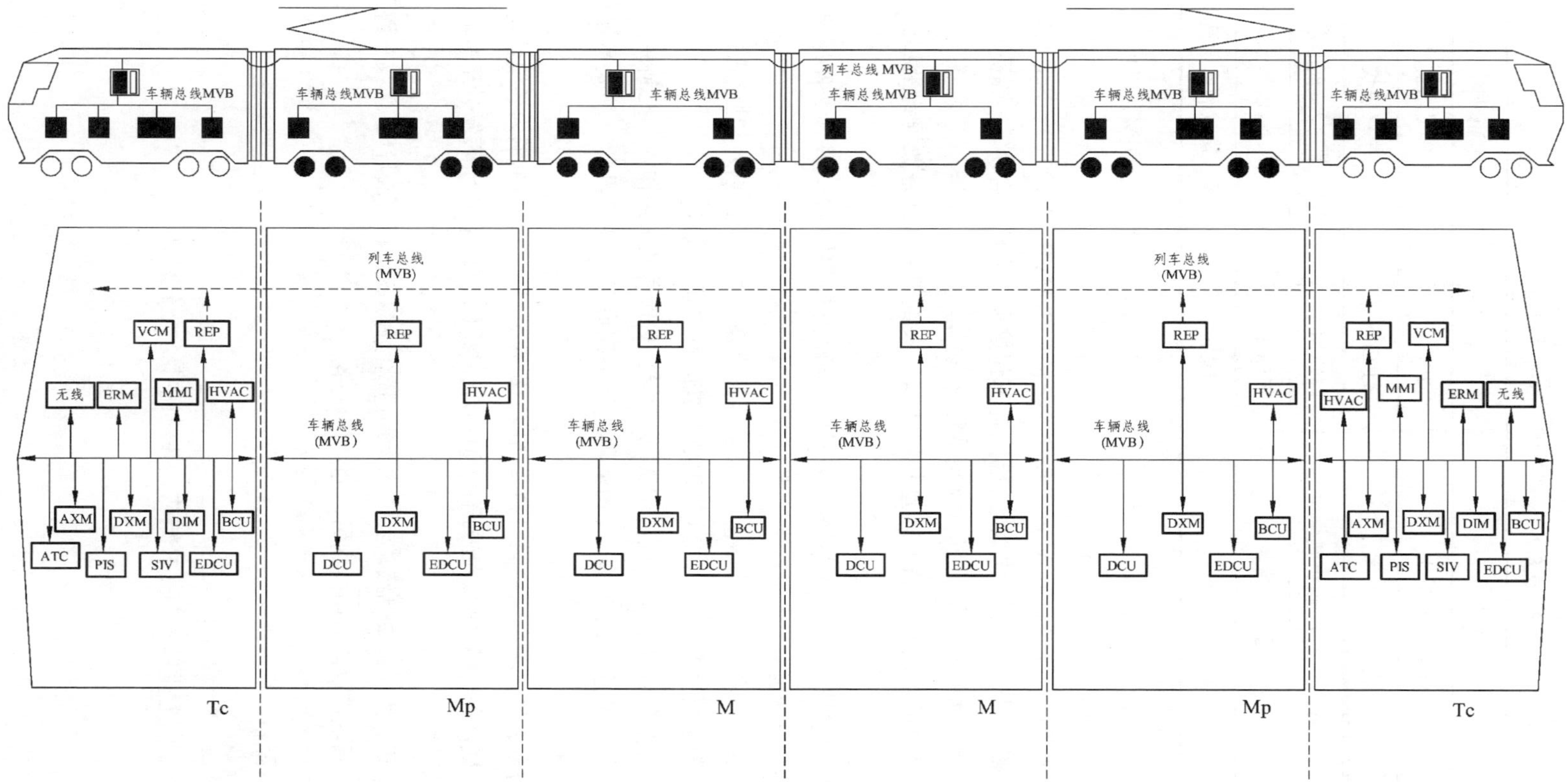

图 8-2-2　重庆地铁 6 号线列车网络控制系统拓扑结构

拓扑图中的缩写说明如表 8-2-2 所示：

表 8-2-2　拓扑图中的缩写说明

缩写	说明	缩写	说明
VCM	车辆控制模块	ERM	事件记录模块
MMI	人机接口单元	REP	中继模块
AXM	模拟量输入/输出模块	DXM	数字量输入/输出模块
DIM	数字量输入模块	EDCU	车门控制单元
DCU	牵引控制单元	HVAC	供暖、通风和空调设备

拓扑图中涉及的部件有 VCM、MMI、ERM、REP、AXM、DXM、DIM、EDCU、DCU、HVAC、ATC、SIV 等。

① VCM：车辆控制模块。VCM 通过多功能车辆总线 MVB（EMD）与其他设备通信。VCM 执行诸如牵引/制动控制、空电联合控制、超速保护和空调顺序启动等一系列控制功能，并具有多功能车辆总线 MVB 的管理能力和故障诊断功能。

② ERM：事件记录仪模块。ERM 是数据转储的关键部件，具备数据记录和数据转存功能。

③ REP：中继模块。 REP 作为列车级总线和车辆级总线的网关，实现列车级总线到车辆级总线的数据转发功能。

④ DXM：数字量输入/输出模块。DXM 实现数字量信号的采集输入和控制输出。

⑤ DIM： 数字量输入模块。DIM 实现数字量信号的采集输入。

⑥ AXM：模拟量输入/输出模块。AXM 实现模拟量信号的采集输入和控制输出。

⑦ MMI：人机界面。MMI 是 TCMS 的显示终端设备，是司机和维护人员操作机车的窗口。

列车网络控制系统分为列车控制级和车辆控制级两个级别。同一车辆内各模块均连接于车辆级 MVB 总线，各车辆之间通过列车级 MVB 总线连接。REP 用于转发列车级总线与车辆级总线之间的数据。

不论是列车级总线还是车辆级总线，均采用通信线路双通道冗余设计，当某一路通信线路出现故障时，系统可以自动切换到另一路通信线路。

任务实施

查找资料画出任意地铁列车拓扑结构，并对拓扑结构作说明。

项目九　乘客信息系统认知

项目描述

本项目主要内容为简单认识乘客信息系统。

乘客信息系统 PIS（Passenger Information System）的基本概念是指地铁运营商采用成熟可靠的网络技术和多媒体传输、显示技术，在指定的时间，将指定的信息显示给指定的人群。乘客信息系统为乘客提供音视频和文本信息，引导和服务旅客。城市轨道交通车辆车载乘客信息系统，为工作人员提供运营信息，同时为乘客呈现多样化信息。在正常情况下，播放实时列车运营信息、出行信息、政府公告、公益广告等多媒体资讯；在发生灾害或其他紧急情况下，进行紧急广播或对讲，以指挥旅客疏散，调度工作人员抢险救灾，减少意外造成的损失。城市轨道交通车辆车载乘客信息系统包含列车广播对讲系统、多媒体播放系统和视频监控系统等 3 个相对独立的子系统，各子系统间又有着密不可分的联系，相互之间通过通信总线不断进行信息交换、协调工作。

本项目共三项学习任务，即“列车广播对讲系统认知”“多媒体播放系统认知”和“视频监控系统认知”。

关键知识点：列车广播对讲系统功能及优先级别、多媒体播放系统的基本功能、视频监控系统的基本功能。

关键技能点：列车广播设置、广播控制单元的使用。

学习目标

1. 能正确描述列车广播对讲系统的功能、广播优先级别；
2. 能正确设置列车广播，正确使用司机室广播控制单元；
3. 能正确描述多媒体播放系统的功能及组成；
4. 能正确描述视频监控系统的功能及组成。

知识课堂

任务一　列车广播对讲系统认知

列车广播对讲系统是乘客信息系统的重要组成部分，主要执行乘客信息系统的音频通信功能，为 OCC、司机与乘客之间提供通信通道，完成无线电广播、数字语音自动广播、乘客紧急内部通信、司机室对讲等功能。

一、列车广播对讲系统的设备

列车广播对讲系统由广播通信控制单元、司机音频控制单元、乘客紧急通信单元、乘客广播通信单元、扬声器、噪声检测器、麦克风等组成。列车广播对讲系统主要设备如图 9-1-1 所示。

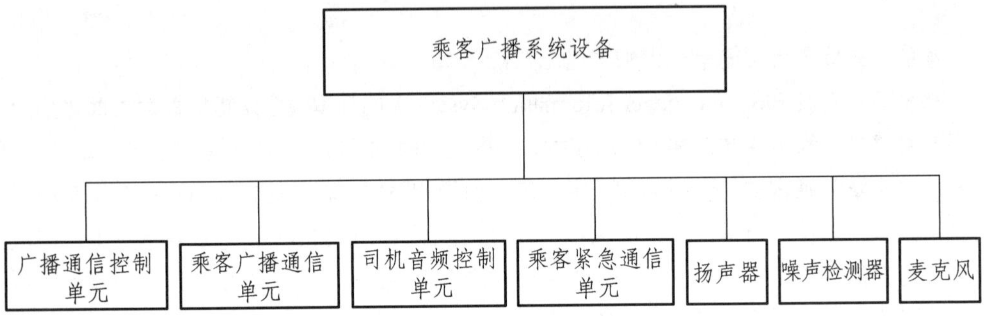

图 9-1-1　列车广播对讲系统主要设备

1. 广播通信控制单元

两个广播通信控制单元通常分别安装于两端司机室左侧设备柜内，是列车广播对讲系统的主处理单元，处理音频有关的信息，并协调各设备工作。广播通信控制单元完成下列功能:

（1）与 TCMS 通信。

广播通信控制单元一般通过 RS485 与 TCMS、信号系统互相交换信息，进行数字语言自动报站，设置目的点信息、运行方向信息等。

（2）与无线电接口。

广播通信控制单元与车载无线电有接口，接收来自 OCC 的广播信息，并通过扬声器播放。

（3）与司机音频控制单元通信。

司机音频控制单元是司机和列车广播与对讲系统的人机界面。司机通过操作司机音频控制单元的相关设备来进行人工广播、乘客紧急对讲、司机室对讲、紧急广播等。司机音频控制单元的相关操作都由广播通信控制单元进行处理，再通过音频通信线及总线传输给相应设备。

（4）乘客广播通信单元通信。

乘客广播通信单元设备实现乘客广播语音放大功能，同时提供乘客紧急通信单元接口。

广播通信控制单元功能如图 9-1-2。

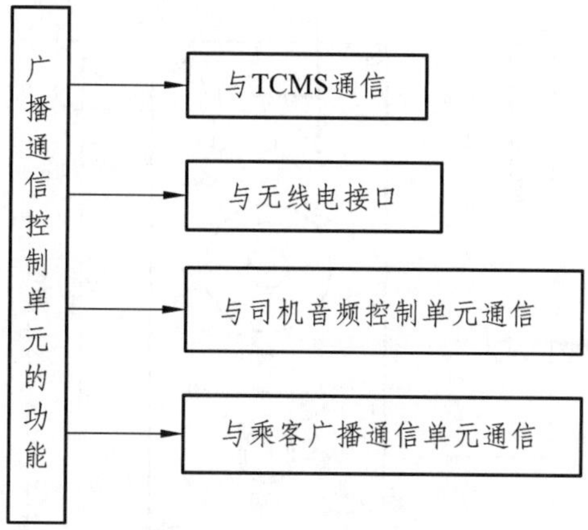

图 9-1-2　广播通信控制单元功能

2. 司机音频控制单元

司机音频控制单元安装在司机操作台上，由带指示灯按钮、手持式麦克风组成。司机音频控制单元一般由司机室对讲按钮、人工广播按钮、乘客紧急呼叫按钮、音量调节旋钮以及麦克风组成，如图 9-1-3 所示。

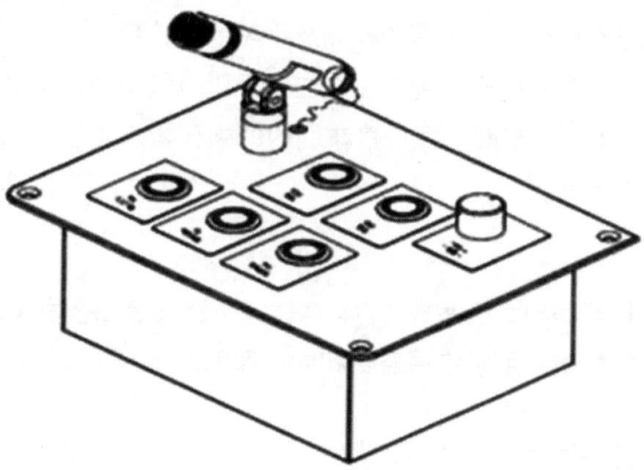

图 9-1-3　司机音频控制单元

3. 乘客紧急通信单元

乘客紧急通信单元是一个嵌入式安装的设备，通常位于车门旁或车厢二位端左侧设备柜上部。其单元的表面是人机界面，由内部扬声器、麦克风、1 个红色嵌入式按钮（EMERGENCY BUTTON）和 3 个 LED 指示灯——CALL（呼叫）、SPEAK（讲话）、LISTEN（接听）组成，如图 9-1-4 所示。

紧急呼叫操作：

① 按下紧急呼叫按钮。

② “呼叫”指示灯立即闪烁，指示呼叫已经被注册，等待司机室应答。

③ 司机室应答呼叫后，“呼叫”指示灯转为常亮，“讲”指示灯打开，乘客紧急通信单元的麦克风激活，乘客可以与司机室讲话。当司机讲话时，“听”指示灯亮，乘客可以从乘客紧急通信单元内部扬声器听到司机的声音。

④ 当司机终止呼叫后，3 个指示灯都熄灭。

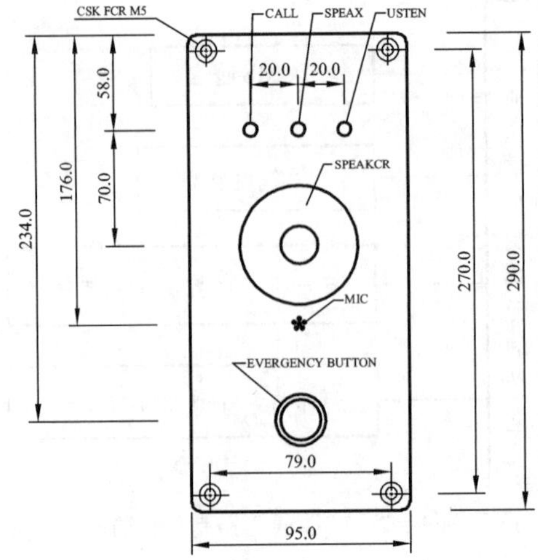

图 9-1-4　乘客紧急通信单元

4. 乘客广播通信单元

乘客广播通信单元是客室广播系统的主要设备，由电源、噪声检测处理单元、功率放大器、本地控制单元、对讲控制器和一些接口设备构成。其功能完成广播系统的客室通信控制、音频处理等，并完成系统内部客室故障的检测及系统的自诊断。

乘客广播通信单元通常安装于车厢二位端左侧低压电气柜中，每个车厢一个，用来驱动本车厢所有的扬声器（10 个/车厢）及连接车厢内的乘客紧急通信单元，并通过总线将其信号传送给广播通信控制单元。

5. 扬声器

扬声器分为客室扬声器和司机室扬声器。客室扬声器安装在客室车厢内，用于乘客广播；司机室扬声器安装在司机室，用于广播监听和内部通信。

二、列车广播对讲系统的主要功能

列车广播对讲系统主要完成以下 7 种功能。

1. 全自动广播

列车正常运行时，广播对讲系统主机接收来自信号系统的线路号、车次号、终点站、开关门、距离等信号，自动触发报站广播（包括离站、进站以及到站），广播音频最终在客室扬声器播放，无须人工干预。

2. 半自动广播

司机操作司机音频控制单元或 TCMS 显示屏，广播对讲系统主机接收到起始站、终点站、报站触发等信号，实现报站广播（包括离站、进站以及到站），广播音频最终在客室扬声器播放。

3. 司机对客室人工广播

司机通过操作麦克风（在司机音频控制单元面板上）可实现人工广播。

4. OCC 对乘客广播

通过无线电系统，地面工作人员可对列车上的乘客进行广播，也可和司机对讲。广播主机接收车载台控制盒传送来的无线广播语音，广播语音最终在客室扬声器播放。

5. 紧急广播

当列车遇到紧急情况时，如发生火灾、严重故障等，可通过操作司机音频控制单元或车辆显示屏进行手动选择，将预先录制好的疏导等信息进行播放，LCD 会全屏播放预录信息。

6. 司机室对讲

司机室对讲按钮不受钥匙开关限制，两个司机室均可发起通话。在两列车重联时，四个司机室中任何两个以上的司机室之间都可以对讲。

7. 司机与乘客紧急内部通讯

司机按一下“PA”按钮，激活广播。司机可通过麦克风进行广播，乘客通过客室的扬声器听到司机的广播。

三、列车广播对讲系统的广播优先级

不同类型的广播，其优先级别不同。在高级别的广播要求到来时，正在播送的低一级的广播立即中断。在高级别广播结束后自动恢复。低级别的广播通信不能打断高级别广播通信，需要等候高级别广播通信结束后才能开始。其优先级排序（由高到低）如图 9-1-5 所示。

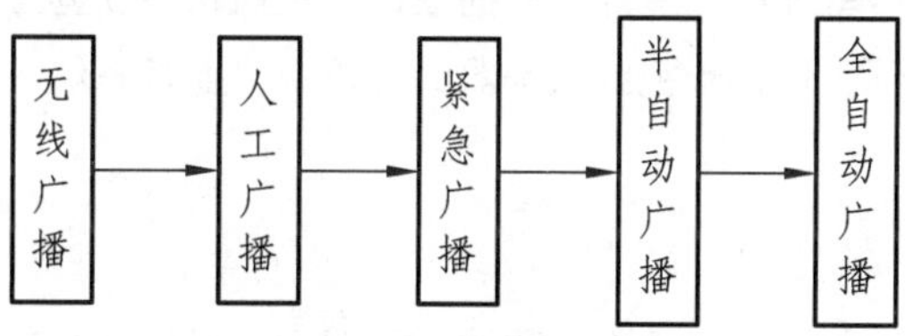

图 9-1-5　广播优先级

任务实施

1. 学习相关知识，完成如下任务。

序号	描述列车广播对讲系统的功能及操作流程（每题 10 分）	评分
1	全自动广播操作流程：	
2	半自动广播操作流程：	
3	司机与客室人工广播操作流程：	
4	OCC 对乘客广播操作流程：	
5	紧急广播的功能及操作流程：	
6	司机室对讲的功能及操作流程：	
7	司机与乘客紧急内容通讯的功能及操作流程：	
合计（总成绩）		

知识课堂

任务二　多媒体播放系统认知

多媒体播放系统综合无线通信技术和多媒体系统技术，可实时给乘客提供音频、视频信息。音视频可以是通过 WLAN 系统下载的，也可以是本地预存的。若从 WLAN 系统接收的是实时节目，节目将被立即播出；没有接收到实时节目时，将按播放列表顺序播放本地预存储内容。多媒体播放系统能够显示 TCMS 发送的公共信息（站况信息）、紧急信息、广告、播放预录的视频节目等。当触发紧急广播时，如火灾报警，多媒体播放系统的 LCD 会全屏播放预制的紧急画面。

一、多媒体播放系统的主要设备

多媒体播放系统主要由 LCD 显示屏、LED 显示器、车载视频服务器、车载 LCD 分屏器、动态地图等组成。

1. 车载视频服务器

车载视频服务器一般安装于司机室右侧电气柜，每个司机室设有 1 台。它是多媒体和视频监控的服务器，控制客室 LCD 多媒体的播放，以及司机室和客室监控系统的工作。LCD 播放的非实时媒体文件预先保存于视频服务器的硬盘中，监控系统拍摄的视频画面也会存储于视频服务器的硬盘中。

2. 车载 LCD 分屏器

车载 LCD 分屏器接收编码后的数据码流，解码后分配给 LCD 显示屏（Liquid Crystal Display）进行显示。其包含 DC 110 V 电源模块、解码器模块、视音频分配模块、视频播放器模块等。每个客室安装 1 台 LCD 分屏器和 8 块 LCD 显示屏，各客室分屏器将视频信号分配到每一块 LCD 液晶显示屏进行显示。

3. LCD 显示屏

LCD 显示屏即液晶显示屏，如图 9-2-1 所示。

LCD 显示屏整体一般采用壁挂式安装于每列车的车厢中。B 型车中一般 Tc 车和 Mp 车客室分别有 7 块和 8 块 LCD，用来播放视音频媒体信息。

LCD 显示屏可以按播放列表分屏显示多种类型的媒体信息，如视频、图片、文本文字、时间等。LCD 也可以全屏显示紧急信息画面。

图 9-2-1　LCD 显示屏

4. LED 显示器

LED 显示器通常安装于贯通道端部上沿和列车前部，如图 9-2-2 所示。贯通道 LED 显示器即 IDU（内部显示单元），列车前部 LED 显示器即 FDU（前部显示单元）。每节车一般安装 2 台贯通道 LED 显示器，用于实时显示列车将要到达的下一站和当前停靠站，显示内容与数字报站广播同步。列车两端上部中间分别安装一台 LED 显示器，用于显示车次号等信息。

图 9-2-2　LED 显示器

5. 动态地图

动态地图一般位于车门上方，为乘客提供列车运行线路、下一站和运行方向等信息，如图 9-2-3 所示。

图 9-2-3　动态地图

动态地图一般通过 RS485 总线与乘客广播通信单元通信，将乘客广播通信单元提供的停靠站、运行方向及运行线路等信息动态地显示出来。

二、多媒体播放系统的基本功能

多媒体播放系统主要有四个方面的功能：

① LCD 播放；

② 车次号显示；

③ 动态地图显示；

④ 贯通道乘客信息显示。

任务实施

1. 学习相关知识，完成如下任务。

序号	描述多媒体播放系统各设备的功能（每题 10 分）	评分
1	车载视频服务器的功能：	
2	车载 LCD 分屏器的功能：	
3	LCD 显示屏的功能：	
4	LED 显示器的功能：	
5	动态地图的功能：	
合计（总成绩）		

知识课堂

任务三　视频监控系统认知

视频监控系统（CCTV）主要用于视频拍摄及视频监控显示，由车载终端控制设备、车载摄像机等组成。车载终端控制设备又包括工业以太网交换机、视频编码器等设备，负责网络连接、数据传输、视频编码等功能。摄像机将拍摄到的视频数据传输到车载终端控制设备，由车载终端控制设备负责编码并传输至司机室的车载视频服务器，供车载视频服务器录像及中心调用。

一、视频监控系统的主要设备

视频监控系统主要由以太网交换机、视频编码器、输入/输出接口模块、车载摄像机及 CCTV 监控屏等组成。

1. 以太网交换机

由于视频信号容量较大，城市轨道交通车辆对视频信号的传输一般采用以太网络。以太网交换机在此网络中起到信息处理交换的作用。

6 辆编组列车，车载局域网由 8 台工业以太网交换机组成，2 个头车各 2 台，另 4 节中间车各一台。

2. 视频编码器

视频编码器对车载摄像机的摄像视频进行编码压缩，然后通过以太网络进行传输。每个编码器通过屏蔽线缆与摄像机连接一一对应。每个编码器通过其自身独立的 10/100M 以太网口与车载工业以太网交换机上的 10/100M 以太网端口一一连接。

3. 输入/输出接口模块

输入/输出接口模块提供视频监控系统与无线电通信系统、车载视频服务器、TCMS 的连接。

4. 车载摄像机

车载摄像机在系统中作为监控图像转为视频数据前端设备，复制采集列车司机室及客室的实时视频。每个客室设有 2 个摄像头，每个司机室设有 1 个摄像头，位于客室或司机室内顶板，用于拍摄车厢内情况。

司机室采用 370 度全角监视红外摄像机，在低于 8 Lx 的照度时，自动开启红外辅助照明，图像转为黑白图像。客室一般采用半球摄像机。

5. CCTV 监控屏

CCTV 监控屏是视频监控系统的显示/控制设备，位于司机室，为触摸式显示屏。它完成系统所需的实时视频显示、控制操作及设备管理等功能，是司机与视频监控系统的人机界面。它可以 4 画面显示，也可以全屏显示；它可以固定显示某个摄像机的画面，也可以轮流的形式显示整列车 12 个摄像机的画面。CCTV 监控屏如图 9-3-1 所示。

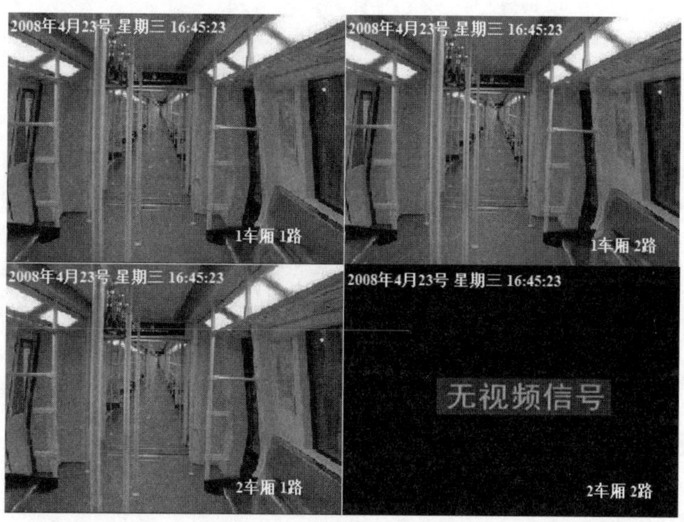

图 9-3-1　CCTV 监控屏

二、视频监控系统的基本功能

视频监控系统主要用来完成视频拍摄、对客室及司机室的监视显示功能。其基本功能如下：

① 司机通过显示器监控司机室和客室的状况，录制视频图像并进行本地存储。

② 视频联动功能：当发生如乘客应急对讲、车门紧急解锁装置、火灾报警系统等紧急事件时，可人工选择 CCTV 监控屏显示（全屏或四分屏）事件发生车厢视频，辅助事件的处理。

③ 视频监控录像通过与车地无线局域网系统（WLAN）车载设备接口，将视频监控录像实时上传给地面控制中心。

任务实施

1. 学习相关知识，完成如下任务

序号	描述视频监控系统各设备的功能（每题 10 分）	评分
1	以太网交换机的功能：	
2	视频编码器的功能：	
3	输入/输出接口模块的功能：	
4	车载摄像机的功能：	
5	CCTV 监控屏的功能：	
合计（总成绩）		

参考文献

[1] 李瑞荣，童巧新. 城市轨道交通车辆电气故障分析与处理. 第二版. 北京：中国铁道出版社，2013.

[2] 上海申通地铁集团有限公司. 城市轨道交通电动列车驾驶[M]. 北京：中国铁道出版.

[3] 华平，唐春林. 城市轨道交通车辆电气控制[M]. 北京：机械工业出版社，2011.

[4] 苏州轨道交通一号线电客车司机培训教材，2019.

[5] 合肥轨道交通二号线电客车司机培训教材，2021.

[6] 合肥轨道交通二号线电客车检修培训教材，2021.